우리 집

창가의 꽃, 베란다의 꽃

자연을 담는 사람들 편

아이템북스

머리말

봄

봄의 기운을 느끼는 화원 앞에는 여러 가지 색의 꽃의 모종이나 화분이 줄지어 늘어서 있다. 우리 집 창가를, 베란다를 어떤 봄꽃으로 장식해 볼까?

여름

열대나 아열대 원산의 꽃들은 태양이 작열하는 여름에 더욱 화려하게 피어난다. 여름을 즐기듯이 피어나는 이런 꽃들을 바라보면서 무더위를 잊는 여유를 누려 보는 것은 어떨까?

가을

이전에는 봄에 출하되었던 팬지의 모종이 최근에는 가을에도 출하되고, 들에는 코스모스나 데이지의 노란 꽃이 선명하고 아름답게 피어난다. 이 결실의 계절에 우리 집의 가을 풍경은 어떻게 꾸미는 것이 좋을까? 자신의 선택에 따라 여러 가지변화를 즐길 수 있을 것이다.

겨울

크리스마스나 정월의 이벤트가 많은 이 계절은 선물용의 화려한 화분꽃이 나온다. 실외에서 즐기는 화분에서 실내에서 즐기는 화분으로 바뀌는 계절. 추운 겨울 풍경의 창가를 따뜻한 색의 꽃들로 장식해 보자.

차례 *The Flowers of My house*

여름의 꽃

가을의 꽃

겨울의 꽃

봄의 꽃

포근한 기운이 느껴지는 봄날, 도시 근교의 화원 앞에는 여러 가지의 꽃 모종이나 화분이 줄지어 늘어서 있다. 이때, 우리 집에 화분 하나를 집 안에 들여놓는 것은 봄의 한 조각을 집안으로 들여놓는 것이나 같은 것이 아닐까요. 금년 봄은 어떤 새로운 얼굴로 우리 집의 작은 공간을 차지하게 할까요?

프리지아

Freesia hybrida

붓꽃과 프리지아속

- 개화시기 _ 3~4월
- 꽃색 _ 황, 핑크, 적, 백색 등
- 꽃크기 _ 3~5cm
- 전초외양 _ 직립형
- 전초높이 _ 20~40cm
- 원산지 _ 남아프리카
- 원예분류 _ 가을에 심는 구근
- 내한성 _ 보통
- 활용 _ 절화, 모아심기

겨울철 단조로운 실내를 장식하는 절화로 주위를 채색해 주었지만, 최근에는 개화시기를 조절한 화분이 11월 경부터 출하되고 있다. 일반적인 구근을 심는 것은 9월 하순부터 10월 중순으로 햇볕이 잘 드는 처마 밑에 두고 관리하면 겨울에도 아름다운 초록의 잎을 즐길 수 있을 뿐만 아니라 봄에는 예쁜 꽃을 즐길 수 있다. 꽃봉오리를 맺으면, 10일에 1번 정도 액체비료를 준다.

호메리아

Homeria spp.

붓꽃과 호메리아속

- 개화시기 _ 4~5월
- 꽃색 _ 오렌지황, 핑크색 등
- 꽃크기 _ 3~5cm
- 전초외양 _ 직립형
- 전초높이 _ 40~50cm
- 원산지 _ 남아프리카
- 원예분류 _ 가을에 심는 구근
- 내한성 _ 보통
- 활용 _ 모아심기

남아프리카의 산중턱이나 계곡에 약 30종 정도 자생하고 있다. 일반적으로는 코리나종이나 그 변종이 재배되고 있다. 가늘고 긴 잎이 아치모양으로 1~4매 정도가 달린다. 꽃은 1줄기에 많은 꽃을 주머니모양으로 맺고, 하루살이 꽃이지만 계속 끊임없이 피우기 때문에 길게 즐길 수 있다. 겨울은 처마 밑 등에 서리가 맞지 않는 곳에서 관리한다.

와트소니아

Watsonia spp.

붓꽃과 와트소니아속

- 개화시기 _ 4~5월
- 꽃색 _ 백, 오렌지, 적 등
- 꽃크기 _ 3~5cm
- 전초외양 _ 직립형
- 전초높이 _ 40~150cm
- 원산지 _ 남아프리카
- 원예분류 _ 가을에 심는 구근
- 내한성 _ 보통
- 활용 _ 모아심기

꽃을 다 피우고 난 후, 잎이 시드는 낙엽성 타입과 상록으로 월동하는 타입이 있다. 상록성 품종은 3~4월에, 낙엽성 품종은 10~11월에 심는다. 키가 1m이상 되기 때문에 화분은 왜성작은 품종의 품종을 심는다. 알줄기는 지름 5cm 정도이고 뿌리잎은 길이 60cm 이상 자라며 칼 모양으로 주맥이 뚜렷하다. 햇볕이 잘 드는 곳에 두고, 낙엽성의 품종은 추위에 조금 약하므로 서리를 맞지 않도록 주의한다.

바비아나

Babiana spp.

붓꽃과 호자기붓꽃속

- 개화시기 _ 3~4월
- 꽃색 _ 청자, 적, 백색 등
- 꽃크기 _ 2~5cm
- 전초외양 _ 직립형
- 전초높이 _ 15~30cm
- 원산지 _ 남아프리카
- 원예분류 _ 가을에 심는 구근
- 내한성 _ 보통
- 활용 _ 모아심기

화초 전체에 배냇털 같은 뽀얀 털이 덮여 새하얗게 보이지만, 잎 가운데 맥줄이 가로로 확연하게 만들어져 있다. 주로 남아프리카에 케이프지방에 자생하는 구근식물로 많은 종이 있지만, 일반적으로 재배되고 있는 것은 스트리크타종이고, 꽃은 3~4월에 피고 5~6개의 잎 사이에서 길이 20~25cm의 꽃줄기가 자라서 10~12개의 꽃이 이삭 모양으로 달린다. 꽃은 보통 보라색이지만 홍색과 흰색인 것도 있다.

트리토니아

Tritonia spp.

붓꽃과 트리토니아속

- 개화시기 _ 4~5월
- 꽃색 _ 백, 오렌지, 핑크 등
- 꽃크기 _ 2~5cm
- 전초외양 _ 직립형
- 전초높이 _ 25~40cm
- 원산지 _ 남아프리카
- 원예분류 _ 가을에 심는 구근
- 내한성 _ 보통
- 활용 _ 모아심기

프리지아와 혼동될 정도로 닮은 꽃을 피우며, 꽃의 중심부가 투명한 것도 있다. 원종은 약 30종이 있지만, 주로 크로카타종에서 원예품종으로 개량한 것이 재배되고 있다. 추위에 조금 약하기 때문에 화분용으로 적당하다. 4호분에 5구를 기준으로 심고, 햇볕이 잘 드는 곳에 두고 서리를 맞지 않도록 조심한다. 잎이 시들면 화분채로 그늘에서 건조시켜 보관하고, 10월경부터 물을 준다. 2년에 1번 화분갈이를 해 준다.

익시아

Ixia spp.

붓꽃과 익시아속

- 개화시기 _ 4~5월
- 꽃색 _ 백, 적, 황, 자, 청록 등
- 꽃크기 _ 2~4cm
- 전초외양 _ 직립형
- 전초높이 _ 40~60cm
- 원산지 _ 남아프리카
- 원예분류 _ 가을에 심는 구근
- 내한성 _ 보통
- 활용 _ 모아심기, 절화

가는 줄기 끝에 밀집해 꽃을 맺고, 바람에 흔들리는 모습이 사랑스럽다. 산성토양을 싫어해, 화단의 흙은 석회로 중화시킨 후 심는다. 추위에 약하기 때문에, 서리를 맞지 않도록 주의하고, 햇볕이 잘 드는 곳을 좋아한다. 6월경에 잎이 노랗게 되면 파내어 보관한다. 꽃대가 길기 때문에 절화로도 좋다. 원예 품종은 꽃색이 다양하다. 꽃대가 가늘고 길기 때문에 쓰러지기 쉬워, 지주를 세워주면 좋다.

부바르디아

Bouvardia spp.

꼭두서니과 부바르디아속

- 개화시기 _ 5~6월, 10월
- 꽃색 _ 백, 적, 핑크 등
- 꽃크기 _ 약 1cm
- 전초외양 _ 직립형
- 전초높이 _ 30~100cm
- 원산지 _ 멕시코
- 원예분류 _ 상록저목
- 내한성 _ 약함
- 활용 _ 모아심기, 절화

꽂꽂이로 친숙한 꽃이지만, 최근 들어 화분꽃으로도 즐기게 되었다. 개화기나 가을은 햇볕이 잘 드는 곳에 두고 흙이 많이 마르지 않도록 한다. 여름은 강한 광선을 피해 반그늘에, 겨울은 실내의 해가 잘 드는 창가에 놓아둔다. 일조량 부족이 되지 않도록 하고, 20℃ 이상으로 유지해 주면 계속해서 꽃을 피운다. 초여름에 꽃맺음이 다 끝나고, 1/3 정도 잘라주면 가을에 다시 꽃을 피운다.

애기부용

Anisodontea capensis

아욱과 애기부용속

- 개화시기 _ 3~5월
- 꽃색 _ 핑크
- 꽃크기 _ 0.8~1.4cm
- 전초외양 _ 직립형
- 전초높이 _ 40~100cm
- 원산지 _ 남아프리카
- 원예분류 _ 상록저목
- 내한성 _ 약함
- 활용 _ 모아심기

하루살이꽃으로, 부용꽃을 작게 한 듯한 사랑스런 꽃이 차례차례 핀다. 겨울철 밖의 낮은 기온에서는 낙엽이 지고 휴면하지만, 사계절 꽃을 피우는 성질이 강해 온도와 빛이 적당하면 끊이지 않고 겨울에도 꽃을 피운다. 여름은 물크러지지 않게 바람이 잘 통하는 양지에 놓는다. 5~6월에 삽목揷木으로 번식한다. 화분갈이와 전정가지를 일부 자름은 9월이 적기이다.

에피시아

Episcia spp.

제스네리아과 에피시아속

- 개화시기 _ 4월, 6~7월
- 꽃색 _ 적, 핑크 등
- 꽃크기 _ 2~4cm
- 전초외양 _ 포복형
- 전초높이 _ 10~15cm
- 원산지 _ 멕시코 남부
- 원예분류 _ 상록다년초
- 내한성 _ 약함
- 활용 _ 모아심기, 화분걸이

잎 모양과 사랑스런 꽃으로 인기 있다. 자생지에서는 고온다습의 삼림의 나무 위나 바위 위에서 자라고 있어 여름용의 관상식물로 적당하다. 직사강선을 피해 밝은 그늘에 둔다. 겨울은 실내의 15 °C 이상의 따뜻한 장소에 두고 분무기로 잎을 자주 적셔준다. 내려뜨린 줄기에 어린가지가 자라기 때문에 화분걸이용으로 아주 좋다. 빛의 강약에도 잎 색이 변하는 가장 대표적인 원예 품종이다.

보스턴고사리

Nephrolepis exaltata

넉줄고사리과 네프로레피스속

- 개화시기 _ 꽃은 피지 않음
- 꽃색 _ 없음
- 꽃크기 _ 없음
- 전초외양 _ 직립형, 하수형
- 전초높이 _ 20~100cm
- 원산지 _ 열대아메리카
- 원예분류 _ 상록다년초
- 내한성 _ 약함
- 활용 _ 화분, 테라리움

단발고사리의 부류는 세계적으로 약 30종이 있으며, 보스턴고사리는 열대 아메리카가 원산이다. 잎이 길게 늘어지는 종류는 화분걸이용으로 심어주면 초록의 푸름을 실내에서 느낄 수 있다. 여름은 밝은 그늘에 두고, 겨울은 실내의 해가 드는 창가에 둔다. 봄과 가을은 자주 햇빛을 받게 해주고 봄에 화분갈이를 겸해 포기나누기로 번식한다. 증산작용이 매우 활발하여 거실의 습도 조절의 역할도 한다.

프테리스

Pteris spp.

고사리과 프테리스속

- 개화시기 _ 꽃은 피지 않음
- 꽃색 _ 없음
- 꽃크기 _ 없음
- 전초외양 _ 하수형
- 전초높이 _ 30~60cm
- 원산지 _ 열대아시아
- 원예분류 _ 상록다년초
- 내한성 _ 보통
- 활용 _ 화분, 테라리움

전 세계의 열대. 아열대에 약 300종이 있고 우리나라에도 제주도와 남해안에 약 4종이 자생하고 있다. 직사광선을 피해 밝은 그늘에 두고 15 ° 를 유지해 준다. 내한성과 내음성도 있어서 얼지 않는 곳이라면 월동이 가능하다. 비교적 건조에는 강하지만, 물이 마르지 않도록 주의를 기울인다. 프테리스 품종은 크게 초록잎만 있는 품종과 은백색의 반점이 들어 있는 품종으로 나뉜다.

러브체인

Ceropegia woodii

박주가리과 세로페지아속

- 개화시기 _ 4~7월
- 꽃색 _ 살색, 끝부분은 흑자색
- 꽃크기 _ 약 2cm
- 전초외양 _ 덩굴형
- 전초높이 _ 길게 자람
- 원산지 _ 아프리카남부
- 원예분류 _ 다육식물
- 내한성 _ 약함
- 활용 _ 화분, 화분걸이

잎이 심장의 하트모양을 하고 있어 하트덩굴이라고도 불린다. 잎을 연결하고 있는 모습에서 러브체인이란 이름이 붙여졌다. 줄기는 1m이상 자라 늘어지기 때문에 화분걸이로 즐기면 좋다. 줄기에 결눈상태의 괴경덩이줄기이 생긴다. 가능한 양지에 두고, 한여름은 그늘에, 겨울은 실내의 햇빛이 잘 드는 곳에 둔다. 러브체인의 잎은 다육질이기 때문에 건조에 강하다. 독특한 모양의 꽃이 위를 향해 피어난다.

호야

Hoya carnosa

박주가리과 호야속

- 개화시기 _ 5~9월
- 꽃색 _ 백색, 중심부는 홍색
- 꽃크기 _ 1~2cm
- 전초외양 _ 덩굴형
- 전초높이 _ 길게 자람
- 원산지 _ 일본, 중국, 호주 등
- 원예분류 _ 상록소저목
- 내한성 _ 약함
- 활용 _ 화분, 화분걸이

덩굴성 상록소저목으로 줄기는 갈색인데 기근이 발생하며 2~3m 정도 자란다. 잎은 다육질이고 난상 긴 타원형으로 질기고 둔탁한 광택이 난다. 잎의 색이나 모양, 그리고 꽃이 아름다운 식물로 최근에는 많은 원예품종이 나오고 있다. 자생지에서는 줄기에서 가는 뿌리가 나와 수목이나 바위 등에 부착해 자란다. 직사광선을 피해 밝은 그늘에 두고, 겨울은 실내의 해가 드는 곳에 둔다. 화분걸이로 해서 즐길 수 있다.

옥사리스

Oxalis spp.

괭이밥과 괭이밥속

- 개화시기 _ 3~5월, 9~11월
- 꽃색 _ 황, 핑크, 적, 백 등
- 꽃크기 _ 1~2cm
- 전초외양 _ 직립형
- 전초높이 _ 5~50cm
- 원산지 _ 남아프리카
- 원예분류 _ 구근식물
- 내한성 _ 보통
- 활용 _ 화분, 화단

여름~가을에 심어 겨울~봄에 꽃이 피는 타입과 봄에 심어 여름~가을에 피는 타입이 있다. 햇볕이 잘 드는 곳에 두고 , 가을에 심은 것은 실내의 밝은 장소에서 겨울을 나게 한다. 꽃이 다 지고 잎이 시들기 시작하면 물을 조금씩 줄여 건조시킨다. 다시 심을 시기에 물을 주기 시작하면 된다. 2~3년을 간격으로 분갈이를 해 준다. 해가 뜨면 삼각형의 잎이 활짝 펴지고, 해가 지면 날개를 접듯이 잎도 꽃도 오그라든다.

게르베라

Gerbera jamesonii

국화과 게르베라속

- 개화시기 _ 4~10월
- 꽃색 _ 황, 핑크, 적, 백 등
- 꽃크기 _ 4~12cm
- 전초외양 _ 직립형
- 전초높이 _ 5~50cm
- 원산지 _ 남아프리카
- 원예분류 _ 반내한성 다년초
- 내한성 _ 보통
- 활용 _ 모아심기, 절화

남아프리카 원산으로 워낙 성장이 왕성해 3개월에 1번씩 점점 큰 화분으로 옮겨 심든가 포기나누기를 해 주어야 한다. '신비'라는 꽃말을 가진 이 꽃은 민들레와 흡사하고 불꽃을 연상시키는 자태에서 신비감이 느껴진다. 햇볕이 잘 드는 곳에 두고 흙이 건조해지면 물을 듬뿍 준다. 추위에 비교적 강하지만, 일년내내 꽃을 피우기 위해서는 실내로 옮겨 10~12℃ 이상을 유지해 준다.

기누라

Gynura aurantiaca

국화과 기누라속

- 개화시기 _ 20℃상에서 개화
- 꽃색 _ 황색
- 꽃크기 _ 약 1cm
- 전초외양 _ 반덩굴형
- 전초높이 _ 약 80cm
- 원산지 _ 교배종
- 원예분류 _ 상록다년초
- 내한성 _ 약함
- 활용 _ 미니관엽, 화분걸이

약 100여 종의 품종이 있고 일부는 약용이나 야채로서 이용되고 있다. 한여름은 직사광선을 피해 그늘에 두고, 겨울은 실내의 밝은 곳에 둔다. 화분걸이나 모아심어 즐기면 좋다. 꺾꽂이를 해서 심으면 다시 뿌리를 내린다. 반덩굴성이므로 화분걸이로 하기에 적당하다. 작은 황색의 꽃이 피는데, 취향에 따라 꽃에서 나는 향을 싫어할 수 도 있다. 꽃향기가 싫다면 꽃이 필 때마다 따내 주면 된다.

녹영

Senecio rowleyanus

국화과 세네시오속

- 개화시기 _ 11~3월
- 꽃색 _ 백색
- 꽃크기 _ 약 1cm
- 전초외양 _ 하수형
- 전초높이 _ 약 1m
- 원산지 _ 남아프리카
- 원예분류 _ 다육식물
- 내한성 _ 보통
- 활용 _ 화분, 화분걸이

'녹색목걸이'를 뜻하는 녹영의 이름에서 나타나듯이 녹색의 콩 같은 둥근 잎을 갖고 있다. 줄기는 덩굴 상태로 길게 뻗어 1m 넘게 자란다. 햇볕이 잘 드는 곳에 걸고 과습이 되지 않도록 조심한다. 여름은 직사광선을 피해 그늘에 걸어두면 좋고, 겨울은 실내로 옮기고 물은 월1~2회 정도로 조금만 준다. 길게 자란 줄기를 잘라 심으면 얼마 후 싹이 나온다. 초여름에 작은 꽃을 피운다.

블루데이지_청화국

Felicia amelloides

국화과 펠리시아속

- 개화시기 _ 4~5월
- 꽃색 _ 담청색
- 꽃크기 _ 3~4cm
- 전초외양 _ 직립형
- 전초높이 _ 30~60cm
- 원산지 _ 남아프리카
- 원예분류 _ 반내한성 다년초
- 내한성 _ 보통
- 활용 _ 모아심기, 화분걸이

남아프리카 원산으로 약 80여 종이 있으며 '블루마가렛' 이라고도 불린다. 잎은 타원형이며 긴 꽃자루 위에 꽃이 한 송이 핀다. 잎의 윗면는 어두운 녹색이고, 밑면는 연한 녹색이다. 줄기는 검붉은 색이다. 꽃은 데이지와 비슷하며 주위의 꽃잎은 파랗고 중심부는 노란색이다. 블루데이지는 난지에서는 서리막이 정도로 월동시킨다. 줄기가 짙은 자색을 띠고 차츰 차츰 기부부터 목질화 되어 크게 자란다.

아데니움_석화

Adenium obesum

협죽도과 아데니움속

- 개화시기 _ 5~6월
- 꽃색 _ 홍색
- 꽃크기 _ 5~7cm
- 전초외양 _ 직립형
- 전초높이 _ 약 100cm
- 원산지 _ 아프리카 동부
- 원예분류 _ 다육식물
- 내한성 _ 약함
- 활용 _ 화분

반사막지대에 자생하고 줄기는 다육상태로 하부가 불룩하게 부풀어 고목 같은 모양을 하고 있다. 잎은 우기에 무성하고 건기에는 낙엽이 진다. 꽃 이름은 자생지의 한 곳인 아덴Aden에서 유래하며, 사막의 장미Desert Rose라고도 한다. 햇볕이 잘 드는 곳에 두고 겨울을 서서히 물을 끊어 휴면시킨다. 그러나 18℃ 이상을 유지하면 꽃을 계속 볼 수 있다. 선인장용의 흙으로 심고 완전 건조해지면 물을 준다.

클레마티스

Clematis spp.

미나리아재비과 참으아리속

- 개화시기 _ 5~10월
- 꽃색 _ 청자, 핑크, 백 등
- 꽃크기 _ 5~7cm
- 전초외양 _ 덩굴형
- 전초높이 _ 20~60cm
- 원산지 _ 북반구 온대
- 원예분류 _ 낙엽상록덩굴식물
- 내한성 _ 강함
- 활용 _ 화단, 화분, 절화

한 계절 피는 것과 사계절 피는 타입이 있고, 꽃이 진 뒤 관리방법이 다르다. 한 계절 피는 것은 전년에 자란 줄기에 꽃이 피기 때문에 꽃이 지고나면 잘라주어 새로운 줄기를 자라게 해주고, 사계절 피는 것은 꽃이 지고 나면 1/2 정도 잘라 주면 또 꽃이 핀다. 햇빛을 좋아하지만 더위에 약하기 때문에 여름은 반그늘에 두도록 한다. 건조를 싫어하므로 여름에는 자주 물을 주도록 한다.

초련화

Leschenaultia spp.

크사트베라과 레케나우르티아속

- 개화시기 _ 10~6월
- 꽃색 _ 황, 핑크, 적 등
- 꽃크기 _ 1~2cm
- 전초외양 _ 직립형
- 전초높이 _ 15~60cm
- 원산지 _ 오스트레일리아
- 원예분류 _ 상록저목
- 내한성 _ 보통
- 활용 _ 모아심기

오스트레일리아의 반건조지에서 자생하는 상록저목으로 한여름 이외는 연중 계속 꽃을 피운다. 배수가 잘되는 흙에 심어 햇볕이 잘 드는 곳에 두고, 여름은 반그늘로 옮겨준다. 장마 때는 과습을 피해 처마밑 등에서 비를 피하게 한다. 비료는 아주 가끔 주면 된다. 월동온도는 0℃전후로 겨울은 실내의 해가 드는 창가에 둔다. 새빨간 꽃과 은색 잎의 대비가 선명한 품종이 가장 각광받는다.

칼라데아

Calathea spp.

마란타과 칼라데아속

- 개화시기 _ 4~10월
- 꽃색 _ 백, 담자, 황 등
- 꽃크기 _ 1~2cm
- 전초외양 _ 직립형
- 전초높이 _ 약 30cm
- 원산지 _ 브라질 등
- 원예분류 _ 상록다년초
- 내한성 _ 약함
- 활용 _ 화분

어찌 보면 공작의 날개를 연상시키는 매끈한 분위기를 갖는 잎모양이 아름답다. 칼라데아 종류는 약 150종 이상이 있고 각각 다른 잎모양을 갖고 있어 즐거움을 더한다. 실내에 바람의 영향을 받지 않는 밝은 그늘에 둔다. 월동은 12℃ 이상을 필요로 하기 때문에 따뜻한 곳에 두고 건조하게 관리한다. 브라질이 원산지이며 암모니아 제거 능력이 우수하고, 잎 모양이 독특해 많은 사랑을 받고 있는 공기 정화 식물이다.

마란타

Maranta spp.

마란타과 마란타속

- 개화시기 _ 4~10월
- 꽃색 _ 백, 담자 등
- 꽃크기 _ 1~3cm
- 전초외양 _ 직립형
- 전초높이 _ 약 30cm
- 원산지 _ 브라질 등
- 원예분류 _ 상록다년초
- 내한성 _ 약함
- 활용 _ 화분, 모아심기

칼라데아와 비슷한 모양에 여러 가지 잎모양을 즐기는 품종이다. 직사광선을 피해, 실내의 밝은 그늘에 둔다. 월동할 때에는 10℃ 이상이 필요하다. 물은 여름은 흙이 마르면 듬뿍 주고, 겨울은 약간 건조한 듯이 한다. 잎은 타원형이며 갈색 무늬가 있다. 체내의 습도를 유지하기 위해 낮에는 옆으로 퍼져 있다가 밤이 되면 위로 모이는 특징이 있다. 잎 끝이 잘 마르기 때문에 분무기로 물을 자주 뿌려주는 것이 좋다.

가지마루

Ficus microcarpa

뽕나무과 피카스속

- 개화시기 _ 5월
- 꽃색 _ 녹색에 황색으로 변함
- 꽃크기 _ 약 1cm
- 전초외양 _ 직립형
- 전초높이 _ 약 30cm
- 원산지 _ 열대아시아
- 원예분류 _ 상록고목
- 내한성 _ 약함
- 활용 _ 화분

고무나무의 종류로 줄기에서 작은 뿌리를 내려 늘어트려, 지면에 닿으면 점차 줄기처럼 굵어진다. 봄부터 가을까지는 집밖의 양지에 두고, 겨울은 실내의 해가 드는 창가에 둔다. 그러나 추운 곳에 두었다가 갑자기 따뜻한 곳으로 옮기면 잎이 떨어지므로 급격한 온도 변화는 피하는 것이 좋다. 작은 화분에 종자를 심어 키우면 줄기부분이 부풀어 독특한 형태가 된다.

벤저민

Ficus microcarpa

뽕나무과 피카스속

- 개화시기 _ 5월
- 꽃색 _ 녹색에 황색으로 변함
- 꽃크기 _ 약 1cm
- 전초외양 _ 직립형
- 전초높이 _ 약 30cm
- 원산지 _ 열대아시아
- 원예분류 _ 상록고목
- 내한성 _ 약함
- 활용 _ 화분

가지마루와 비슷한 종류의 고무나무의 무리로 '벤저민고무나무' 라고도 불린다. 줄기가 유연해 여러 가지 형태의 모습을 만든 화분이 출하되고 있다. 실내를 장식하는 것이 많지만 본래 빛을 좋아하는 식물로, 봄부터 가을까지 가능한 햇볕이 잘 드는 곳에 두고, 겨울은 해가 드는 창가에 둔다. 벤저민은 윤택이 나는 잎이 많이 달려 산소발생량이 많아 공기정화식물로 각광받는 식물이다.

페페로미아

Peperomia spp.

후추과 페페로미아속

- 개화시기 _ 4~6월
- 꽃색 _ 백색
- 꽃크기 _ 5~10cm
- 전초외양 _ 직립형
- 전초높이 _ 15~30cm
- 원산지 _ 열대아메리카
- 원예분류 _ 상록다년초
- 내한성 _ 약함
- 활용 _ 화분, 화분걸이

페페로미아는 다육질의 잎을 갖고 있어, 물을 담아두기 때문에 건조에 견뎌낸다. 내음성도 있지만 창가의 해가 드는 곳에 두는 쪽이 길게 자라지 않고 아름다운 잎을 볼 수 있다. 여름의 고온시는 뿌리가 썩기 쉬우므로 물을 줄이고, 밝은 그늘에 둔다. 겨울동안은 실내의 따듯한 곳에 두고 건조하게 관리한다. 페페로미아류 중 카베라타종은 쪼글쪼글한 잎이 특징이고, 반덩굴성의 그라베라종은 화분걸이용으로 좋다.

칼세올라리아

Calceolaria × herbeohybrida

후추과 페페로미아속

- 개화시기 _ 3~8월
- 꽃색 _ 황, 적 등
- 꽃크기 _ 3~8cm
- 전초외양 _ 직립형
- 전초높이 _ 15~45cm
- 원산지 _ 칠레
- 원예분류 _ 1년초저목
- 내한성 _ 약함
- 활용 _ 화분, 모아심기

라틴어로 슬리퍼를 의미하는 것으로 독특한 꽃모양에서 붙여진 것이다. 차가운 기후를 좋아해, 밤기온이 5~10℃인 곳에 두고 물이 마르면 바로 시들어버리기 때문에 흙 표면이 건조해지면 꽃에 닿지 않도록 조심해서 물을 준다. 본래는 다년초이지만 더위에 약하기 때문에 1년초로 다뤄지고 매년 가을에 씨를 파종한다. 꽃이 엽낭주머니처럼 보여 '주머니꽃' 이라고도 불린다.

헤베

Hebe spp.

질경이과 헤베속

- 개화시기 _ 4~6월
- 꽃색 _ 청자, 핑크, 백 등
- 꽃크기 _ 꽃대 길이 2~20cm
- 전초외양 _ 직립형
- 전초높이 _ 10cm~20cm
- 원산지 _ 뉴질랜드
- 원예분류 _ 상록저목
- 내한성 _ 보통
- 활용 _ 화분, 모아심기

그리스신화의 청춘의 여신인 헤베에서 유래했다. '영원한 청춘' 또는 '젊음'을 상징한다. 초여름에 청자색이나 백색의 꽃이 브러시 모양으로 달린다. 꽃이 지면 잘라주고, 여름의 고온시는 비를 피해 처마 밑이나 나무그늘의 시원한 곳에 둔다. 겨울은 실내의 밝은 창가에 두고, 건조에 주의한다. 더위나 추위에 조금 약하기 때문에 한랭지의 정원에 심기에는 적당치 않다.

안시리움

Anthurium spp.

토란과 안시룸속

- 개화시기 _ 20℃ 이상이면 년중
- 꽃색 _ 꽃:백, 황. 포:적, 백 등
- 꽃크기 _ 포 5~20cm, 봉상체 2~8cm
- 전초외양 _ 직립형, 덩굴형
- 전초높이 _ 20cm 이상
- 원산지 _ 열대아메리카
- 원예분류 _ 상록다년초
- 내한성 _ 약함
- 활용 _ 화분

안시리움은 약 600종이 있으며, 꽃이나 잎 또는 열매를 즐기는 타입이 있다. 많이 나오고 있는 것은 꽃을 즐기는 안드레아넘종과 셀쓰에리아넘종으로 붉은 프라스틱으로 만든 꽃이 아닌가 할 정도로 윤기가 흘러 조화로 의심받기도 한다. 붉은 것은 꽃이 아니라 포로 포의 토대에서 손가락 같은 봉상체가 암수꽃의 집합체이다. 고온다습을 좋아하지만 화분은 과습이 되지 않도록 한다. 직사광선을 피해 밝은 창가에 둔다.

포토스

Epipremnum aureum

토란과 에피프레넘속

- 개화시기 _ 화분에서는 안 핌
- 꽃색 _ 없음
- 꽃크기 _ 없음
- 전초외양 _ 덩굴형
- 전초높이 _ 20cm 이상
- 원산지 _ 솔로몬제도
- 원예분류 _ 상록덩굴성다년초
- 내한성 _ 약함
- 활용 _ 화분, 화분걸이

대표적인 실내공기 정화식물로 자생지에서는 수목에 붙어 10m 이상이나 자란다. 관상용으로 나오는 것은 어린잎을 심은 것으로 성장이 좋아 아주 잘 자란다. 내음성이 강하지만 아름다운 잎을 보기 위해서는 밝은 곳에 두는 것이 좋다. 건조에도 강하고 5℃이상이면 월동한다. 삽목이나 포기나누기로 간단히 번식한다.

베고니아

Begonia spp.

베고니아과 베고니아속

- 개화시기 _ 겨울~여름
- 꽃색 _ 적, 백, 핑크 등
- 꽃크기 _ 1~5cm
- 전초외양 _ 직립형, 덩굴형
- 전초높이 _ 약 3m
- 원산지 _ 남아메리카
- 원예분류 _ 상록다년초
- 내한성 _ 약함
- 활용 _ 화분

고온다습에도 건강하게 자라고, 꽃도 잎도 모두 아름다운 관엽식물이다. 암술이 피고 나서 수술이 피어 멋진 화방이 생긴다. 일반적으로 반그늘을 좋아하고, 특히 한여름의 강한 햇빛에서는 잎이 탈수 있으므로 그늘이나 한랭사로 직사광선을 차단해 준다. 길게 자란 줄기를 잘라 주면 곁눈에서 새로운 줄기가 뻗어 크게 자란다. 해가 없는 곳에서는 꽃이 빨리 진다.

레이시아

Lewisia cotyledon

쇠비름과 레이시아속

- 개화시기 _ 12~4월
- 꽃색 _ 백, 핑크, 오렌지 등
- 꽃크기 _ 2~4cm
- 전초외양 _ 직립형
- 전초높이 _ 5~10cm
- 원산지 _ 북아메리카
- 원예분류 _ 상록다년초
- 내한성 _ 강함
- 활용 _ 화분, 모아심기

북아메리카 서부 산악지대의 바위에 자생하는 내한성 다년초이다. 잎은 다육질로 그루의 중심부에서 꽃줄기를 뻗어 꽃을 피운다. 꽃은 채송화와 비슷하게 윤기가 나고, 햇볕을 좋아한다. 얼지 않으면 밖에서 월동할 수 있고, 고온다습에는 약해 여름은 물은 끊고 서늘한 반그늘에 둔다. 물주기에 신경 쓰지 않는 사람들이 키우기에 좋다. 건조한 환경을 좋아해 자갈 위에서도 잘 자란다.

에리카

Erica spp.

진달래과 에리카속

- 개화시기 _ 11~4월
- 꽃색 _ 적, 핑크, 황, 백 등
- 꽃크기 _ 0.5~4cm
- 전초외양 _ 직립형
- 전초높이 _ 30~400cm
- 원산지 _ 유럽, 남아프리카
- 원예분류 _ 상록다년초
- 내한성 _ 보통
- 활용 _ 화분, 모아심기

영국의 작가 에미리브론태의 '폭풍의 언덕' 에 흐드러지게 피어 있는 꽃이 바로 이 에리카이다. 에리카erica는 그리스어의 ereike깨뜨리다라는 뜻에서 유래된 말로 본래의 의미는 '밝지 못하다' 는 뜻이다. 유럽 원산의 에리카는 내한성은 강하지만 고온다습에 약하기 때문에, 주로 남아프리카 원산의 품종이 출하되고 있다. 내한성은 조금 약하다. 어찌 되었든 양지를 좋아하고 배수가 잘 되는 산성토양을 좋아한다.

엘레강스 - 실달개비

Gibasis pellucida

닭의장풀과 달개비속

- 개화시기 _ 년중
- 꽃색 _ 백색
- 꽃크기 _ 약 0.7cm
- 전초외양 _ 포복형
- 전초높이 _ 10~20cm
- 원산지 _ 멕시코
- 원예분류 _ 상록다년초
- 내한성 _ 보통
- 활용 _ 화분, 화분걸이

백색의 작은 꽃을 많이 피우는 모습이 신부의 화관을 연상시킨다. 직사광선을 피해 밝은 곳에 두면 꽃을 많이 피우기 때문에 한여름을 빼고는 계속해서 꽃을 볼 수 있다. 비교적 추위에는 강하지만, 겨울은 실내의 밝은 곳에 두고 닭의장풀과 종류라서 삽목으로 간단하게 번식이 가능하다. 무성한 모습을 하려면 줄기의 중간을 정리해 곁눈에서 싹을 내 자라게 한다. 꽃은 한낮에 피고, 밤에는 오므린다.

히브벌티아

Hibbertia serpylliifolia

기딜레니아과 히브벌티아속

- 개화시기 _ 4~5월
- 꽃색 _ 황색
- 꽃크기 _ 약 1.5cm
- 전초외양 _ 직립형
- 전초높이 _ 10~15cm
- 원산지 _ 오스트레일리아
- 원예분류 _ 상록저목
- 내한성 _ 보통
- 활용 _ 화분, 모아심

오스트레일리아의 자생지에서는 이른 봄에 황색의 꽃을 가득 피워 지면을 덮는다. 햇볕이 잘 들고 배수가 잘 되는 곳을 좋아하고 고온다습을 싫어하므로 장마 때는 처마 밑에서 비를 피하고, 여름에는 통풍이 잘 되는 서늘한 곳에 둔다. 겨울에는 실내의 해가 드는 창가에 두고, 5월에 분갈이를 하거나 잘라준다. 삽목으로 번식한다. 선명한 황색의 꽃이 그루 전체에 피어난다.

꽃기린

Euphorbia milii

대극과 유포르비아속

- 개화시기 _ 년중
- 꽃색 _ 적, 황, 백색
- 꽃크기 _ 1.5~3cm
- 전초외양 _ 직립형
- 전초높이 _ 20~200cm
- 원산지 _ 마다가스카르
- 원예분류 _ 저목의 다육식물
- 내한성 _ 보통
- 활용 _ 화분, 모아심기

가시투성이의 모습으로는 상상도 할 수 없는 아름다운 꽃을 피우고 거의 년중 볼 수 있다. 내한성이 강해 얼지 않을 정도의 처마 밑 양지에서는 겨울에도 꽃을 피운다. 일반적으로 출하되고 있는 것은 보통 품종 이외에 줄기가 굵고 꽃이나 잎이 큰 품종, 꽃은 작지만 줄기가 가늘고 가지나눔이 좋은 작은 꽃기린 등이 있다. 자생지에서는 가시투성이의 목질화한 줄기가 뻗어 자라기 때문에 울타리 등에 이용되기도 한다.

시계꽃

Passiflora spp.

시계꽃과 시계꽃속

- 개화시기 _ 4~10월
- 꽃색 _ 청자, 백색
- 꽃크기 _ 6~10cm
- 전초외양 _ 덩굴형
- 전초높이 _ 4m 이상
- 원산지 _ 열대, 아열대지역
- 원예분류 _ 상록덩굴성식물
- 내한성 _ 보통
- 활용 _ 화분, 울타리

시계의 침같이 보이는 꽃의 중심부는 5개의 수술과 암이 3개로 나눠져 있는 암술에서 붙여진 이름이다. 시계꽃 종류는 약 350종이 퍼져 있으며 열매를 맺는 과일시계꽃은 열매를 패션후르츠라고 부르고, 쥬스 등에 이용된다. 여름의 고온에서 잘 자라고, 내한성은 종류에 따라 다르다.

시잔사스

Schizanthus×wisetonensis

가지과 시잔시스속

- 개화시기 _ 3~5월
- 꽃색 _ 청자, 황, 핑크 등
- 꽃크기 _ 2~3cm
- 전초외양 _ 직립형
- 전초높이 _ 20~50cm
- 원산지 _ 칠레
- 원예분류 _ 1년초
- 내한성 _ 약함
- 활용 _ 화분, 모아심기

이그루 전체를 덮을 듯이 화려하게 피고 꽃맺음도 좋다. 더위나 추위에 약해 겨울에 구입한 화분은 찬바람을 맞지 않도록 실내의 밝은 곳에 두고, 이른 봄에 구입한 경우는 가능한 서늘한 곳에 둔다. 물은 흙이 마르면 충분히 준다. 번식은 종자를 가을에 뿌리고, 모종은 8~12℃ 정도로 보관한다. 지고 난 꽃잎은 병의 원인이 되기 때문에 부지런히 따준다. 잎이 나비 같은 모양을 하고 있어 '호접초' 라고도 한다.

브룬펠시아

Brunfelsia australis

가지과 브룬펠시아속

- 개화시기 _ 2~6월
- 꽃색 _ 자색에서 백색으로 변화
- 꽃크기 _ 3~4.5cm
- 전초외양 _ 직립형
- 전초높이 _ 30~300cm
- 원산지 _ 브라질 남부
- 원예분류 _ 상록저목
- 내한성 _ 보통
- 활용 _ 화분, 모아심기

꽃이 보라색으로 피었다가 흰색으로 변하는 게 특징으로 꽃에는 향기가 있고 밤이 되면 더욱 짙어진다. 동양의 로즈마리로도 불린다. 자생지에서는 3m 정도로 자란다. 햇볕을 좋아하지만, 여름은 직사광선을 피해 반그늘에 둔다. 얼지 않을 정도라면 월동이 가능하지만 추워지면 낙엽이 진다. 자색에서 백색까지 변화하는 꽃을 즐길 수 있으며 밤에는 향마저도 짙어져 더욱 신비로움을 느낄 수 있다.

카네이션

Dianthus caryophyllus

석죽과 석죽속

- 개화시기 _ 5~10월
- 꽃색 _ 적, 황, 핑크 등
- 꽃크기 _ 3~10cm
- 전초외양 _ 직립형
- 전초높이 _ 30~100cm
- 원산지 _ 지중해연안
- 원예분류 _ 1년초
- 내한성 _ 보통
- 활용 _ 화분, 모아심기, 절화

1907년 필라델피아의 애너자비스가 분홍카네이션을 어머니날의 상징으로 삼아 지금까지 이어지고 있다. 꽃에서는 스파이스향이 나기도 한다. 지금은 화초의 키가 낮고 한줄기에서 수개의 꽃을 피우는 스프레이계가 많이 출하되고 있다. 고온다습을 싫어하므로 여름에는 반그늘의 통풍이 잘 되는 곳에 두고 겨울에는 실내의 해가 드는 창가에 둔다. 줄기나 잎에 물이 닿으면 병이 나기 쉬우므로 그루터기 밑에 준다.

애기노보단

Heterocentron elegans

산석류과 헤테로센트론속

- 개화시기 _ 4~5월
- 꽃색 _ 적자색
- 꽃크기 _ 약 2.5cm
- 전초외양 _ 포복형
- 전초높이 _ 5~10cm
- 원산지 _ 멕시코
- 원예분류 _ 상록다년초
- 내한성 _ 약함
- 활용 _ 화분, 모아심기

선명한 적자색으로 꽃잎은 4개이다. 줄기가 가지나눔을 하며 뻗듯이 자라 한쪽 면으로 꽃을 피운다. 고온다습은 잘 견디지만 한여름의 강한 햇빛은 피해 반그늘로 옮겨두는 것이 좋다. 내한성은 조금 약해서 겨울은 실내의 밝은 곳에 두고 건조한 것을 싫어하므로 물주기에 신경을 써야 한다. 꽃이 지고 나면 화분갈이를 해 준다. 줄기가 늘어지듯 뻗기 때문에 화분걸이에 한다든지, 긴 용기에 심으면 좋다.

메디닐라

Medinilla spp.

산석류과 메디닐라속

- 개화시기 _ 4~8월
- 꽃색 _ 핑크, 오렌지색
- 꽃크기 _ 15~30cm
- 전초외양 _ 직립형
- 전초높이 _ 100~150cm
- 원산지 _ 필리핀
- 원예분류 _ 상록다년초
- 내한성 _ 약함
- 활용 _ 화분, 모아심기

부풀은 상태로 아래를 향해 늘어져 피는 꽃은 마치 열대식물 같은 멋을 풍긴다. 성장이 왕성하기 때문에 큰 화분에서 심어야 한다. 꽃대만 남으면 원래대로 잘라 준다. 꽃잎이 지고 나면 끝에서 싹이 나와 다시 자란다. 고온다습을 좋아하지만 한여름의 직사광선은 피해주는 것이 좋다. 월동은 10℃ 이상이어야 하기 때문에 실내의 밝고 따뜻한 곳에 둔다.

구즈마니아

Guzmania spp.

파인애플과 구즈마니아속

- 개화시기 _ 5~7월
- 꽃색 _ 적, 황 등
- 꽃크기 _ 1~3cm
- 전초외양 _ 직립형
- 전초높이 _ 25~60cm
- 원산지 _ 열대아메리카
- 원예분류 _ 상록다년초
- 내한성 _ 약함
- 활용 _ 화분, 모아심기

다른 파인애플과 식물처럼 잎 가장자리가 위로 말려 물을 담을 수 있는 홈이 있다. 땅에서 자라는 것과 착생하는 것이 있으며 육종이 활발하게 이루어져 포의 색이 다채로워졌다. 잎이 가늘고 비교적 단단한 종류는 밝은 곳에 두어야 웃자람을 방지할 수 있고, 엽질이 부드러운 종류는 햇빛에 타기 쉬우므로 약한 빛에서 키운다. 밑둥에서 새끼 포기가 나와 이것을 분리해 심으면 번식이 된다.

니오레겔리아

Neoregelia spp.

파인애플과 니오네겔리아속

- 개화시기 _ 5~7월
- 꽃색 _ 백, 담자색
- 꽃크기 _ 약 1cm
- 전초외양 _ 직립형
- 전초높이 _ 15~40cm
- 원산지 _ 열대아메리카
- 원예분류 _ 상록다년초
- 내한성 _ 약함
- 활용 _ 화분, 모아심기

착생식물로 로제트 모양의 잎은 옆으로 퍼지는 종류가 많다. 얼룩이 있는 잎의 가장자리에 세로로 노란색 줄무늬와 톱니가 있고, 포기중심에 빨간 물을 들인 듯한 색상이 곱다. 다른 파인애플 식물과 같이 통상부의 물이 고이는데 이곳에서 백색 또는 담자색의 작은 꽃이 핀다. 내음성이 있지만 햇빛을 받아야 잎색이 좋다. 봄부터 가을은 통상부에 물을 모아 흡수하지만 겨울은 물을 버리고 실내에서 건조하게 관리한다.

브리시아

Vriesea spp.

파인애플과 브리시아속

- 개화시기 _ 5~7월
- 꽃색 _ 황색. 포는 적, 황색
- 꽃크기 _ 2~5cm
- 전초외양 _ 직립형
- 전초높이 _ 20~150cm
- 원산지 _ 열대아메리카
- 원예분류 _ 상록다년초
- 내한성 _ 약함
- 활용 _ 화분, 모아심기

약 250종 정도가 분포되어 있으며 착생하는 것이 많다. 잎은 부드럽고 가시가 없으며 광택이 있다. 포의 아름다움과 잎의 무늬 등으로 관상가치가 높은 것이 많다. 통상부에 물을 모아 흡수하지만 겨울은 물을 모으지 않는다. 반그늘을 좋아해 년중내내 밝은 그늘에 두고 직사광선을 피한다. 꽃이 지고 나면 새로운 포기가 나오고 원포기는 머지않아 시들어 버린다.

아마릴리스

hippeastrum × hybridum

수선화과 아마릴리스속

- 개화시기 _ 5~6월
- 꽃색 _ 적, 백, 핑크 등
- 꽃크기 _ 8~20cm
- 전초외양 _ 직립형
- 전초높이 _ 30~80cm
- 원산지 _ 중앙, 남아메리카
- 원예분류 _ 봄에 심는 구근식물
- 내한성 _ 보통
- 활용 _ 화분, 모아심기, 절화

보통 꽃잎 끝이 뾰족한 대륜계와 둥그런 원판대륜계로 구분한다. 원판대륜계는 꽃이 아름답고 꽃색이 선명하지만 번식이 잘 되지 않는다. 고온다습하고 양지바른 곳을 좋아한다. 꽃이 지면 꽃줄기를 남기고 꽃잎을 딴 다음 통풍이 잘되는 곳에 둔다. 가을에 잎이 황색으로 변하면 물주기를 멈추고 건조시켜 얼지 않는 장소에서 월동시킨다. 4월에 분갈이를 하고 물과 비료를 주기 시작한다.

군자란

Clivia miniata

수선화과 크리피아속

- 개화시기 _ 3~5월
- 꽃색 _ 오렌지, 황, 적 등
- 꽃크기 _ 4~7cm
- 전초외양 _ 직립형
- 전초높이 _ 20~70cm
- 원산지 _ 남아프리카
- 원예분류 _ 상록다년초
- 내한성 _ 약함
- 활용 _ 화분, 절화

길게 자란 꽃줄기 끝에서 꽃다발처럼 많은 수의 꽃을 피우는 모습이 아름답다. 자생지에서는 습한 반그늘에서 자라기 때문에 직사광선을 피해 밝은 곳에 둔다. 겨울은 5℃ 이상의 실내에 두지만 10℃ 전후의 저온에서 60일 정도 있지 않으면 꽃을 피우지 않는다. 꽃이 지고나면 포기나누기를 겸해 화분갈이를 하고, 봄과 가을에 비료를 준다. 참고로 열매 속의 씨앗을 꺼내 씻어 뿌리면 4~5년 지나 개화하게 된다.

제라니움

Pelargonium × hortorum

쥐손이풀과 페라르고늄속

- 개화시기 _ 4~7월
- 꽃색 _ 핑크, 적, 백 등
- 꽃크기 _ 3~4cm
- 전초외양 _ 직립형
- 전초높이 _ 30~70cm
- 원산지 _ 남아프리카
- 원예분류 _ 상록다년초
- 내한성 _ 보통
- 활용 _ 화분, 모아심기

유럽이나 미국의 창가에 가장 많이 장식되는 꽃으로 우리나라에서도 베란다나 상점의 쇼윈도 등에 많이 장식되고 있다. 아마도 세계에서 가장 넓게 보급되어 있는 화초의 하나라 할 수 있다. 건조에 강하고 오랫동안 꽃이 피기 때문에 창가를 장식하는 데 아주 좋은 품종이다. 햇빛이 잘 들고 건조한 환경을 좋아하기 때문에 비 맞지 않는 곳에 둔다. 병에 약하므로 지고 난 꽃잎은 부지런히 따주어야 한다.

솔매

Chamelaucium uncinatum

도금양과 차메라우시움속

- 개화시기 _ 4~6월
- 꽃색 _ 핑크, 백 등
- 꽃크기 _ 1.3~2.5cm
- 전초외양 _ 직립형
- 전초높이 _ 50~100cm
- 원산지 _ 오스트레일리아 서부
- 원예분류 _ 상록저목
- 내한성 _ 약함
- 활용 _ 화분, 모아심기, 절화

소나무 잎과 비슷한데다 꽃이 매화꽃 비슷하고 향도 좋다고 해 붙여진 이름이 솔매이다. 특히 꽃이 아름다워 부케에 많이 사용한다. 배수가 잘 되는 흙을 좋아하는 한편, 건조나 과습에 약해 물주기에 신경을 써야 한다. 햇볕이 잘 드는 곳에 두고, 장마시는 비를 피하게 한다. 한여름은 서늘한 그늘에서 여름을 나게 한다. 월동은 서리나 찬바람을 피한다. 잎이 지고 나면 화분갈이를 한다. 6~7월에 삽목으로 번식한다.

아스타르티아

Astartea fascicularis

도금양과 아스타르티아속

- 개화시기 _ 4~5월
- 꽃색 _ 핑크색
- 꽃크기 _ 7~8cm
- 전초외양 _ 직립형
- 전초높이 _ 100~250cm
- 원산지 _ 오스트레일리아 서부
- 원예분류 _ 상록저목
- 내한성 _ 약함
- 활용 _ 화분, 모아심기, 절화

가는 줄기가 그루 밑동에서 덤불 형태로 넓게 퍼져 있는 모습은 섬세하고 아름답다. 오스트레일리아 서부 원산으로 근래 화분꽃으로 출하되기 시작했다. 고온다습을 싫어하기 때문에 장마 시는 비를 피하고, 한여름은 반그늘의 서늘한 곳에 둔다. 월동은 5℃이상의 실내 밝은 곳에서 가능하다. 꽃줄기는 약 1cm로, 귀여운 꽃을 계속 피운다. 잎이 선 모양으로 아주 작아서, 줄기 전체가 핑크색으로 보인다.

헤고

Cyathea spp.

헤고과 헤고속

- 개화시기 _ 피지 않음
- 꽃색 _ 없음
- 꽃크기 _ 없음
- 전초외양 _ 직립형
- 전초높이 _ 약 4m
- 원산지 _ 열대, 아열대지역
- 원예분류 _ 상록목성양치식물
- 내한성 _ 약함
- 활용 _ 화분

원산지에서는 4m까지 자라며 어린 나무는 관중, 쇠고비와 비슷하다. 양치식물 중에 제일 큰 상록식물로 원목의 줄기는 난 등을 착생시켜 자라게 하는데 이용된다. 대형고사리의 일종으로 공룡이 많이 출현했던 쥬라기시대에 많이 번성했던 살아 있는 화석식물이다. 줄기는 뿌리까지 덮고 있어 건조하면 말라버리므로 줄기에도 충분히 물을 주어야 한다. 여름에는 직사광선을 피해 반그늘에 두고 겨울에는 따뜻한 실내로 옮긴다.

염좌 _ 화월

Crassula portulacea var. obliqua 돌나물과 크라슐라속

- 개화시기 _ 겨울~봄
- 꽃색 _ 담홍색
- 꽃크기 _ 약 1cm
- 전초외양 _ 직립형
- 전초높이 _ 50~250cm
- 원산지 _ 남아프리카
- 원예분류 _ 상록목성양치식물
- 내한성 _ 약함
- 활용 _ 화분

'돈이 되는 나무라는 별명'이 있다. 튼튼하고 가지가 잘 퍼지고, 성장과 함께 줄기가 굵어지고, 큰 나무를 떠올리는 분재풍이 된다. 봄에 작은 별모양의 핑크색 꽃이 무수히 피지만 실내에서는 보기 어렵다. 한여름의 고온다습시는 뿌리가 썩기 쉬우므로 반그늘에 두고 물을 줄인다. 월동은 실내의 해가 잘 드는 창가에 둔다. 겨울에서 봄까지 많은 꽃을 피우는 염좌는 작은 포기에서도 개화한다.

재스민

Gelsemium sempervirens

마전과 게르세미움속

- 개화시기 _ 3~4월
- 꽃색 _ 황, 백색
- 꽃크기 _ 약 3cm
- 전초외양 _ 덩굴형
- 전초길이 _ 약 7m
- 원산지 _ 멕시코, 과아테말라
- 원예분류 _ 상록덩굴성목본
- 내한성 _ 약함
- 활용 _ 화분, 담장장식

영명으로 '이브닝 트럼펫플라워' 라고 불리며 트럼펫 모양의 꽃은 저녁에 강한 향기를 내뿜는다. 덩굴성식물로 내한성이 강해 정원의 담장 장식으로도 좋다. 도심에서는 보도와 차도 사이의 팬스에 이용되기도 한다. 덩굴이 자라 서로 엉키면 꽃이 지고 나서 가지를 잘라 새로운 가지를 키운다. 연이어 꽃을 피우고, 은은한 향기를 갖고 있다. 노지에 심으면 7m까지 자라고, 그루 전체에 꽃을 피운다.

붉은해란초 - 앵무새의부리

Lotus berthelotii 콩과 로투스속

- 개화시기 _ 4~5월
- 꽃색 _ 적색
- 꽃크기 _ 3~4cm
- 전초외양 _ 하수형
- 전초길이 _ 50~100cm
- 원산지 _ 카나리제도
- 원예분류 _ 상록다년초
- 내한성 _ 약함
- 활용 _ 화분, 화분걸이

다년초로 줄기가 뻗듯이 자라기 때문에 화분을 받침대 위에 놓는다든지 화분걸이를 한다든지 한다. 은백색 속에서 새빨간 불 같은 꽃을 피워 불가사의한 세계를 만든다. 햇빛이 잘 드는 곳에 두고, 건조하게 관리한다. 너무 건조하거나 과습이 되면 낙엽이 지므로 주의해야 한다. 장마시는 비를 피해 처마 밑에 두고 여름은 반그늘의 통풍이 잘 되는 곳에 둔다. 월동은 따뜻한 실내에서 가능하다.

보로니아

Boronia spp.

운향과 보로니아속

- 개화시기 _ 3~5월
- 꽃색 _ 핑크, 백, 황 등
- 꽃크기 _ 1~2cm
- 전초외양 _ 직립형
- 전초길이 _ 50~300cm
- 원산지 _ 오스트레일리아
- 원예분류 _ 상록저목
- 내한성 _ 약함
- 활용 _ 모아심기, 절화

귤과의 식물로는 보이지 않지만 줄기나 잎을 비비면 감귤계의 향이 있다. 봄에 범종 모양의 진한 붉은 색의 꽃을 피운다. 최근 들어 여러 종류가 품종이 나와 새로운 인기를 얻고 있다. 장마시는 비를 피해 주고, 여름은 반그늘에 두고 건조하지 않도록 주의한다. 실내의 밝은 곳에서 월동이 가능하다. 드물게는 초콜릿색의 품종도 있고, 별모양의 꽃이 사랑스러운 피나타 품종도 있다.

보라싸리

Hardenbergia violacea

콩과 하덴버지아속

- 개화시기 _ 3~5월
- 꽃색 _ 핑크, 백 등
- 꽃크기 _ 약 1cm
- 전초외양 _ 덩굴형
- 전초길이 _ 50~200cm
- 원산지 _ 오스트레일리아
- 원예분류 _ 상록덩굴성저목
- 내한성 _ 보통
- 활용 _ 모아심기

오스트레일리아 해안지역에 분포하며 자생지에서는 3m까지 자란다. 싸리나무를 닮은 보라색 꽃을 피워 '보라싸리' 라고 하고, 영명으로는 'Purple coral pea' 로 보라색 산호를 닮은 콩과식물이라는 뜻이다. 우리나라에서는 겨울에서 봄까지 3개월 이상 꽃을 볼 수 있다. 반그늘, 양지를 좋아하고, 건조를 싫어하지만 과습이 되지 않도록 조심한다. 덩굴은 잘 자라기 때문에 가끔 잘라 주어 모양을 정리해 준다.

야자나무

Palmae spp.

야자나무과 여러속

- 개화시기 _ 드물게 핌
- 꽃색 _ 담황색
- 꽃크기 _ 총상에 모여 핌
- 전초외양 _ 직립형
- 전초길이 _ 1~20m
- 원산지 _ 열대~아열대지역
- 원예분류 _ 상록저목~고목
- 내한성 _ 약함
- 활용 _ 화분

야자나무 한그루를 실내에 두는 것만으로 열대의 분위기를 연출할 수 있다. 야자의 종류는 약 200속의 2700여 종이나 있고, 분류가 어려워 연구자들 사이에서도 서로 다르게 되어 있다. 원산지에 따라 2~20m 정도까지 종류가 다양하다. 화분으로 출하되는 것은 어린 묘목으로 10cm 정도의 것에서 1~2m의 것이 대부분이다. 이렇게 키가 1~2m 정도밖에 자라지 않는 테이블야자는 내음성이 강해 실내용으로 좋다.

아이노칸자시

Bauera rubioides

바위취과 바우에라속

- 개화시기 _ 3~5월
- 꽃색 _ 핑크, 백색
- 꽃크기 _ 약 2cm
- 전초외양 _ 직립형
- 전초길이 _ 20~200cm
- 원산지 _ 오스트레일리아
- 원예분류 _ 상록저목
- 내한성 _ 약함
- 활용 _ 화분, 모아심기

오스트레일리아 원산으로 일본명 '아니노칸자시' 라는 이름으로 그대로 불리고 있다. 일본에서는 '에리카모드' 라고도 불리고 '사랑의 비녀' 라는 애칭도 있다. 그루 전체에 핑크색 꽃을 피운 모습은 에리카를 연상시킨다. 고온다습을 싫어해 장마시는 비를 피하고, 한여름에는 반그늘의 시원한 곳에 둔다. 특히 추위와 건조에 약해서 겨울은 실내의 밝은 곳에 둔다. 꽃잎은 지고 나면 부지런히 따주고, 가지를 정돈해 준다.

아스파라거스

Asparagus spp.

백합과 빗자루속

- 개화시기 _ 5~8월
- 꽃색 _ 담녹, 담황색
- 꽃크기 _ 아주 작음
- 전초외양 _ 직립, 덩굴형
- 전초길이 _ 길게 자람
- 원산지 _ 유라시아, 아프리카
- 원예분류 _ 상록저목
- 내한성 _ 약함
- 활용 _ 화분, 절화

아스파라거스라고 하면 식용을 연상하지만 관엽식물도 많다. 잎처럼 보이는 것은 가지가 잎 모양을 변화시킨 것에서 가엽이라고도 불린다. 뿌리줄기가 저장뿌리로 되어 있어 대개의 종류는 건조에 강하고 과습을 싫어한다. 밝은 그늘에서 해가 잘 드는 곳까지 모두 좋아하지만 여름에는 강한 빛은 피하는 것이 좋다. 키가 1~2m나 되는 수목을 연상시키며 '밀리온' 이라고도 불린다.

알로에

Aloe spp.

백합과 알로에속

- 개화시기 _ 겨울~봄
- 꽃색 _ 황, 오렌지색
- 꽃크기 _ 2~7cm
- 전초외양 _ 직립형
- 전초길이 _ 20~200cm
- 원산지 _ 남아프리카 등
- 원예분류 _ 다육식물
- 내한성 _ 보통
- 활용 _ 화분

남아프리카에 약 200종 이상이 분포하고 이집트, 그리스, 로마에서는 기원전부터 재배되었다고 한다. 화상이나 위장약 등으로 이용되고 있으며 한국에서는 1990년대 초에 알로에 붐이 일어 서양의 인삼이라고도 했다. 알로에는 자연상태의 생초보다 유효성분을 추출해 건강기능식품과 기능성 화장품으로 만들어 지고 있다. 햇볕과 배수가 잘 되는 흙을 좋아한다. 장마시는 비를 피해 과습이 되지 않게 한다.

접란

Chlorophytum spp.

백합과 접란속

- 개화시기 _ 4~7월
- 꽃색 _ 백색
- 꽃크기 _ 약 1cm
- 전초외양 _ 하수형
- 전초길이 _ 20~30cm
- 원산지 _ 남아프리카 등
- 원예분류 _ 상록다년초
- 내한성 _ 보통
- 활용 _ 화분, 화분걸이

잎 사이에서 꽃줄기를 키우고, 잎이 지고나면 새 가지를 만드는 모습이 종이학처럼 보이는 것에서 접란이라고 불린다. 화분걸이의 관엽식물로 오래 전부터 친숙한 식물이다. 밝은 실내나 실외 모두 잘 자란다. 건조에 강하지만 물은 흙이 마른 후 듬뿍 준다. 내한성이 강해 5℃ 이상이면 월동이 가능하지만 서리나 찬바람은 피하는 것이 좋다. 무늬가 들어 있는 잎을 자랑하는 듯한 접란은 실내장식용으로 인기가 있다.

대만일엽란

Chlorophytum spp.

백합과 접란속

- 개화시기 _ 4~5월
- 꽃색 _ 핑크, 백색 등
- 꽃크기 _ 5~8cm
- 전초외양 _ 직립형
- 전초길이 _ 10~30cm
- 원산지 _ 대만
- 원예분류 _ 봄에 심는 구근
- 내한성 _ 보통
- 활용 _ 화분백합과

대만일엽란이라 부르는 데서 알 수 있듯이 원산지는 대만이다. 구근상태의 줄기에서 꽃줄기를 키워 꽃을 피우고, 지고 나면 줄기에 붙어 있는 뿌리에서 새로운 싹이 나와 잎을 키운다. 가을에 잎이 시들 때까지 밖에 두지만 여름에는 반그늘에 둔다. 겨울에는 휴면하기 때문에 얼지 않는 장소로 옮겨 월동시킨다. 생명력이 강해 매년 새로운 싹을 내 번식한다.

The Flowers of My house

여름의 꽃

대부분의 열대나 아열대 원산의 꽃들은 태양 이 작열하는 여름에 더욱 화려하게 피어난다. 여름을 즐기듯이 피어나는 이런 꽃들을 바라보면서 무더위를 잊는 여유를 누려보자. 여름에는 열대화목이나 관엽식물을 키우는 것이 제격이다.

하와이무궁화

Hibiscus rosa-sinensis

아욱과 하이비스커스속

- 개화시기 _ 5~10월
- 꽃색 _ 오렌지, 황, 적, 백 등
- 꽃크기 _ 6~12cm
- 전초외양 _ 직립형
- 전초길이 _ 0.4~5m
- 원산지 _ 열대아시아
- 원예분류 _ 상록저목
- 내한성 _ 약함
- 활용 _ 화분

원종만도 약 200여 종이 있고, 원예품종도 약 300종 이상 있다고 한다. 꽃은 하루 동안만 피었다 지고, 품종에 따라 꽃의 색깔과 모양이 다르다. 햇빛을 좋아하기 때문에 가능한 양지바른 곳에 둔다. 월동은 실내의 해가 잘 드는 창가에 두고 10℃ 이상을 유지해 준다. 올드타입계 품종은 일조량과 온도가 적당하면 년중 계속해서 꽃을 피운다.

마네티아

Manettia luteroubra

꼭두서니과 마네티아속

- 개화시기 _ 5~7월
- 꽃색 _ 적색+황색
- 꽃크기 _ 3cm
- 전초외양 _ 덩굴형
- 전초길이 _ 길게 자람
- 원산지 _ 열대아메리카
- 원예분류 _ 상록덩굴성식물
- 내한성 _ 약함
- 활용 _ 화분

열대아메리카 원산으로 약 100여 종이 분포하고 있다. 선명한 적색과 황색의 조화가 특이하게 보인다. 녹색의 잎들 사이에서 밝은 등불처럼 점점 꽃을 피운다. 꽃에는 거친 털이 있고 끝은 4개로 갈라져 있다. 걸이화분이나 틀을 만들어 초여름에 많이 출하하고 있다. 햇볕이 잘 들고 배수가 잘 되는 흙을 좋아하고, 15℃ 이상의 온도를 유지하면 년중 꽃을 피운다. 겨울은 밝은 실내의 창가에 두고 관리한다.

플룸바고 _ 납풀

Plumbago auriculata

갯질경이과 플룸바고속

- 개화시기 _ 6~10월
- 꽃색 _ 백, 하늘색
- 꽃크기 _ 2.5~4cm
- 전초외양 _ 직립형
- 전초길이 _ 20~100cm
- 원산지 _ 남아프리카
- 원예분류 _ 상록저목
- 내한성 _ 보통
- 활용 _ 화분

남아프리카 원산의 소저목으로 전 세계에 약 15종 정도가 분포되어 있다. 플룸바고란 말은 '납'을 의미하는 것으로 이 식물이 납중독을 치유하는데 사용되었기에 이런 이름이 붙여졌다고 한다. 햇빛을 좋아하고, 10℃ 이상이면 년중 꽃을 피운다. 길고 가는 줄기를 많이 뻗어 덩굴성식물같이 자라기 때문에 창가를 장식하기에 좋다. 가지 끝에 하늘색의 꽃을 많이 피우고 있는 모습이 요염하다.

필레아

Pilea spp.

쐐기풀과 필레아속

- 개화시기 _ 5~9월
- 꽃색 _ 백, 담녹색
- 꽃크기 _ 아주 작게 뭉쳐 핌
- 전초외양 _ 직립형
- 전초길이 _ 약 30cm
- 원산지 _ 열대아시아
- 원예분류 _ 상록다년초
- 내한성 _ 약함
- 활용 _ 화분

열대에서 아열대에 약 400종이 있고, 잎이 아름다워 관엽식물로 인기 있다. 다육식물은 아니지만 식물체에 수분을 많이 함유하고 있어 보는 이로 하여금 시원함을 느끼게 한다. 내음성이 강해 실내식물로 많이 이용된다. 고온다습을 좋아하고, 재배하기 쉽다. 모아심기의 재료로서도 좋다. 월동은 건조하게 관리하고, 5℃ 이상의 따뜻한 실내에 둔다.

네마탄서스

Nematanthus spp.

제스네리아과 네마탄서스속

- 개화시기 _ 5~9월
- 꽃색 _ 오렌지, 적색
- 꽃크기 _ 약 2cm
- 전초외양 _ 직립형
- 전초길이 _ 20~40cm
- 원산지 _ 남아메리카
- 원예분류 _ 상록다년초
- 내한성 _ 약함
- 활용 _ 화분

남아메리카 동부에 약 30여 종이 분포되어 있고, 착생하는 다년초로 아래 볼이 불룩한 꽃의 모양이 금붕어를 닮아 있는 것에서 '금붕어나무' 라고도 한다. 하수성의 품종은 줄기가 덩굴상태로 80cm 정도 자라 아래로 늘어진다. 여름의 강한 햇빛을 피해 반그늘에 두고 물은 건조해지면 준다. 월동은 8~10℃를 유지해 준다. 금붕어를 닮은 꽃의 모습에 너무 귀여워 저절로 미소짓게 된다.

네팬데스

Nepenthes spp.

벌레잡이통풀과 벌레잡이통풀속

- 개화시기 _ 여름
- 꽃색 _ 녹색 등
- 꽃크기 _ 약 1cm
- 전초외양 _ 덩굴형
- 전초길이 _ 길게 자람
- 원산지 _ 열대아시아
- 원예분류 _ 상록덩굴성 다년초
- 내한성 _ 약함
- 활용 _ 화분, 모아심기

일반적으로 '벌레잡이통풀' 이라고 불리며 잎의 끝에 포충주머니를 가진 식충식물이다. 포충주머니의 모양이나 색은 종에 따라 다르다. 주머니는 햇볕을 받으면 뚜껑이 열려 곤충을 유인하고 주머니 속의 소화효소로 떨어진 벌레를 분해해 소화흡수한다. 주머니의 녹색 부분은 매끈매끈해 벌레가 미끄러져 떨어지도록 교묘하게 생겼다. 고온다습을 좋아하므로 년중 15~20℃을 유지해야 한다.

아스플레니움

Asplenium spp.

고사리과 아스플레니움속

- 개화시기 _ 피지 않음
- 꽃색 _ 없음
- 꽃크기 _ 없음
- 전초외양 _ 직립형
- 전초길이 _ 30~60cm
- 원산지 _ 열대지역
- 원예분류 _ 상록다년초
- 내한성 _ 약함
- 활용 _ 화분

전 세계 열대에서 온대지역에 널리 분포하며 약 700여 종이 있다. 한국에 16종, 일본에도 30여 종이 있다. 대표적인 종으로는 아스플레니움, 안티쿰 등이 있는데, 안티쿰은 '파초일엽' 이라고도 하고 제주도에서 자생하고 실내나 온실에서 관엽식물로 기른다. 양치식물이므로 직사광선을 피해 실내의 밝은 곳에 두거나 반그늘에 두는 것이 좋다. 월동시는 실내 온도를 5℃이상으로 유지하고 민달팽이의 병충해에 주의한

넉줄고사리

Davallia spp.

넉줄고사리과 넉줄고사리속

- 개화시기 _ 피지 않음
- 꽃색 _ 없음
- 꽃크기 _ 없음
- 전초외양 _ 직립형
- 전초길이 _ 15~150cm
- 원산지 _ 열대아시아 등
- 원예분류 _ 상록다년초
- 내한성 _ 보통
- 활용 _ 화분, 화분걸이

넉줄고사리 주로 아시아의 열대나 폴리네시아, 오스트레일리아 등에 약 40종이 있다. 넉줄고사리는 양치식물 고사리목 넉줄고사리과의 여러해살이풀로 자생지에서는 산지의 바위나 나무껍질 등에 붙어서 자란다. 원예종은 넉줄고사리알을 만들어 여름에 출하한다. 직사광선을 피해 반그늘에서 키운다. 넉줄고사리알은 목탄을 물이끼로 감싸 뿌리줄기를 친친 감아서 만든다.

부겐빌레아

Bougainvillea spp.

분꽃과 부겐빌레아속

- 개화시기 _ 6~10월
- 꽃색 _ 오렌지, 핑크, 적색 등
- 꽃크기 _ 3~6cm
- 전초외양 _ 직립형
- 전초길이 _ 5m 이상
- 원산지 _ 열대~아열대지역
- 원예분류 _ 상록저목
- 내한성 _ 약함
- 활용 _ 화분

중남미의 아열대지역에 약 14종이 있고, 언제부터인가 원종과의 교배로 많은 품종이 나오고 있다. 줄기는 덩굴상태로 자라고, 가지 끝에 꽃을 피운다. 여러 가지 색의 꽃받침 안에 2~3개의 작은 꽃을 피운다. 고온다습과 햇빛을 좋아하다. 월동은 해가 드는 창가에서 3℃ 이상을 유지해 준다. 한여름의 강한 햇살 속에서 기세 좋게 꽃을 피우는 열대꽃의 대표라 할 수 있다.

플루메리아

Plumeria spp.

협죽도과 플루메리아속

- 개화시기 _ 7~9월
- 꽃색 _ 적, 백, 황색 등
- 꽃크기 _ 4~7cm
- 전초외양 _ 직립형
- 전초길이 _ 4~7m
- 원산지 _ 열대아메리카
- 원예분류 _ 상록저목
- 내한성 _ 약함
- 활용 _ 화분

하와이를 대표하는 꽃으로 환영이나 축하할 때에 만드는 화환의 재료로 잘 알려져 있는 열대화목이다. 변종이 많아 꽃색도 다채롭다. 백색의 꽃을 피우는 품종은 꽃잎이 조금 더 두껍고 향이 있다. 열대아메리카에 약 7~8종이 있고, 원산지에서는 높이가 10m나 되는 것도 있다. 해가 잘 드는 장소에 두고 흙이 마르면 물을 듬뿍 준다. 월동시는 실내의 밝은 창가에 두고 물은 조금씩 줄여 휴면시킨다.

알라만다

Allamanda spp.

협죽도과 알라만다속

- 개화시기 _ 년중
- 꽃색 _ 황색 등
- 꽃크기 _ 3~4cm
- 전초외양 _ 직립형
- 전초길이 _ 1~2m
- 원산지 _ 아열대아메리카
- 원예분류 _ 상록저목
- 내한성 _ 약함
- 활용 _ 화분, 화단

아메리카대륙에 약 12종이 있고, 원산지에서는 년중 개화하는 꽃을 감상하는 분화식물이다. 꽃줄기에 3~4 cm의 꽃을 많이 피운다. 크기가 1m 정도의 소저목으로 햇빛을 좋아하기 때문에 봄부터 가을까지는 실외의 양지에 두고, 늦은 가을부터 실내의 밝은 창가에 두고 월동시킨다. 삽목으로 번식한다.

아펠란드라

Aphelandra spp.

쥐꼬리망초과 아펠란드라속

- 개화시기 _ 7~8월
- 꽃색 _ 황, 적색 등
- 꽃크기 _ 10~20cm
- 전초외양 _ 직립형
- 전초길이 _ 1m 이상
- 원산지 _ 열대아메리카
- 원예분류 _ 상록저목
- 내한성 _ 약함
- 활용 _ 화분

열대에서 아열대 아메리카에 약 200종이 있으며 삼림의 습한 나무 위에서 자란다. 잎이나 꽃대가 아름다운 것이 많다. 관엽식물로도 나오고 있는데, 인기가 높다. 햇빛을 좋아하지만 한여름의 강한 빛은 피해서 반그늘에 두고, 양지에서 20~25℃을 유지하면 꽃대가 자라 꽃을 즐길 수 있다. 월동은 실내의 밝은 창가에 두고 12℃ 이상을 유지한다.

툰베르기아

Thunbergia spp.

쥐꼬리망초과 툰베르기아속

- 개화시기 _ 6~7월, 10월
- 꽃색 _ 백, 자, 청, 황색 등
- 꽃크기 _ 3~6cm
- 전초외양 _ 직립형, 덩굴형
- 전초길이 _ 40~200cm
- 원산지 _ 열대~아열대
- 원예분류 _ 다년초
- 내한성 _ 약함
- 활용 _ 화분, 화단

아프리카 중부에서 남부, 마다가스카르, 아시아의 열대에서 아열대에 약 100여 종 이상이 있고, 직립성과 덩굴성의 두 타입이 있다. 덩굴성은 지주를 세운다든지 트레리스에 감아 주면 멋있게 즐길 수 있다. 건조에 강하고 과습을 싫어한다. 흙이 마른 후에 한 번씩 물을 듬뿍 준다. 월동은 12 °C 이상을 유지한다.

파키스타키스

Pachystachys lutea

쥐꼬리망초과 파키스타키스속

- 개화시기 _ 5~10월
- 꽃색 _ 백색. 포는 황색
- 꽃크기 _ 7~10cm
- 전초외양 _ 직립형
- 전초길이 _ 50~150cm
- 원산지 _ 열대아메리카
- 원예분류 _ 상록저목
- 내한성 _ 약함
- 활용 _ 화분, 화단

황색의 포 옆에서 백색의 꽃이 나온다. 그리스어 '파키스'는 '크다'라는 뜻이고, '스타키스'는 '이삭'이라는 뜻이다. 황색 포와 꽃의 모양이 호프의 이삭같기도 하고 막대에 달린 사탕같기도 하여 '골드호프'라고도 불린다. 여름에 강한 빛을 피해 반그늘에 두고 15℃ 이상을 유지해 주면 년중 꽃을 볼 수 있고, 5℃ 이상에서 월동시킨다. 꽃이 지고 난 후, 꽃대를 잘라 주면 다시 곁가지가 자란다.

하이포테스

Hypoestes phyllostachya

쥐꼬리망초과 하이포테스속

- 개화시기_11~4월
- 꽃색_홍자색
- 꽃크기_약 1cm
- 전초외양_직립형
- 전초길이_100~150cm
- 원산지_마다가스카르
- 원예분류_상록다년초
- 내한성_약함
- 활용_화분, 화단

최근 포트묘목으로 출하되어 관엽식물의 모아심기로도 많이 이용된다. 주요 품종은 마다가스타르 원산의 히로스타키아종으로 잎의 무늬가 색다른 묘미를 느끼게 한다. 높이는 1m나 자라기 때문에 너무 자라면 잘라 주고 새로운 싹을 키운다. 월동은 10~12℃를 유지한다. 꽃은 몰래 피우기 때문에 보기 못하고 그냥 지나치는 일이 많다.

부채꽃

Scaevola aemula

구데니아과 스카에볼라속

- 개화시기 _ 6~9월
- 꽃색 _ 청자색
- 꽃크기 _ 1.5~2cm
- 전초외양 _ 직립형
- 전초길이 _ 20~30cm
- 원산지 _ 오스트레일리아
- 원예분류 _ 상록다년초
- 내한성 _ 보통
- 활용 _ 화분, 화단

오스트레일리아 원산의 여러해살이풀로 '팬플라워'라고도 한다. 반원 모양의 꽃잎을 갖고 있는 보라색 꽃은 마치 사람 손 모양 또는 부채를 닮았다. 줄기를 길게 내려뜨리듯이 자라기 때문에 화분걸이나 모아심기의 소재로 인기가 높다. 실외에서도 서리가 맞지 않도록 하면 월동이 가능하다. 4계절 꽃을 피우는 원예품종 '블루완다'가 인기가 높다.

클레로덴드럼

Clerodendrum spp.

마편초과 클레로덴드럼속

- 개화시기 _ 4~10월
- 꽃색 _ 청, 적, 백색
- 꽃크기 _ 1~3cm
- 전초외양 _ 직립형
- 전초길이 _ 30~400cm
- 원산지 _ 열대아프리카
- 원예분류 _ 상록저초
- 내한성 _ 약함
- 활용 _ 화분

열대아프리카와 열대아시아에 400여 종이 분포되어 있고 우리나라에도 3종이 자생하다. 개화기간도 길고 화형이 특이해 국내시장에서도 인기가 높아지고 있다. 백색과 적색의 아름다운 배합을 이루고 있는 톰소니아종이 주류를 이루지만 파스텔톤의 하늘색 꽃이 아름다운 우간덴스종이 인기를 더해가고 있다. 양지와 반그늘 모두에서 잘 자란다. 내한성이 약해서 월동은 실내의 밝은 곳에 두고 10℃를 유지한다.

란타나

Lantana camara cv.hydrida

마편초과 란타나속

- 개화시기 _ 4~11월
- 꽃색 _ 오렌지, 핑크, 백, 황 등
- 꽃크기 _ 2.5~5cm
- 전초외양 _ 직립형
- 전초길이 _ 20~200cm
- 원산지 _ 열대~아열대 아메리카
- 원예분류 _ 상록저목
- 내한성 _ 보통
- 활용 _ 화분, 화단, 화분걸이

잎에는 털이 있고, 닿으면 뻣뻣해지는 느낌과 독특한 향기를 갖고 있다. 꽃색이 변화하는 것이 많아 '칠변화' 라고도 부른다. 특히 카마라종은 황색에서 적색으로 시간이 지남에 따라 변화한다. 고온과 햇빛을 좋아하고 내한성은 조금 약하지만, 실외에서도 얼지 않도록 주의하면 월동이 가능하다. 과습을 싫어하므로 건조하게 관리한다.

고무나무

Ficus elastica

뽕나무과 휘카스속

- 개화시기 _ 화분본은 피지 않음
- 꽃색 _ 황록색
- 꽃크기 _ 1.5cm
- 전초외양 _ 직립형
- 전초길이 _ 0.2~10m
- 원산지 _ 네팔, 인도, 미얀마
- 원예분류 _ 상록고목
- 내한성 _ 약함
- 활용 _ 화분

파라고무나무, 인도고무나무, 멕시코 고무나무 등 그 종류가 많은데, 고무나무 중에도 가장 친숙한 것은 인도나 말레반도 원산의 잎의 모양이나 색의 변화가 인기 있는 인도고무나무다. 옛날에는 수액이 고무의 원료로 이용되었지만 현재는 관엽식물로 여러 가지 원예품종이 나오고 있다. 내음성이 강해 실내의 어느 곳에 두어도 잘 자란다. 내한성은 조금 약해 실내에서 월동시킨다.

아글라오네마

Aglaonema spp.

천남성과 아글라오네마속

- 개화시기 _ 여름~가을
- 꽃색 _ 담황색
- 꽃크기 _ 3~7cm
- 전초외양 _ 직립형, 포복형
- 전초길이 _ 30~50cm
- 원산지 _ 열대아시아
- 원예분류 _ 상록다년초
- 내한성 _ 약함
- 활용 _ 화분

열대아시아에 약 50여 종이 있으며, 직립하는 타입과 줄기가 포복하는 타입의 것이 있다. 같은 천남성과로 열대 아메리카 원산의 디펜바키아와 아주 많이 닮아 있다. 천남성과 특유의 불염포를 갖는 꽃을 피운다. 고온다습을 좋아하고 건조한 것을 싫어한다. 내음성이 강하고 직사광선을 싫어해 반그늘에 두는 것이 좋다. 월동시는 건조하게 관리하고 실내를 15℃ 이상 유지한다.

디펜바키아

Dieffenbachia spp.

천남성과 아글라오네마속

- 개화시기 _ 여름~가을
- 꽃색 _ 담황색
- 꽃크기 _ 10~15cm
- 전초외양 _ 직립형, 포복형
- 전초길이 _ 60~120cm
- 원산지 _ 열대아메리카
- 원예분류 _ 상록다년초
- 내한성 _ 약함
- 활용 _ 화분

열대아메리카에 약 30종이 있으며, 새로운 색과 형태를 가진 원예품종이 많이 나오고 있다. 줄기를 자르면 나오는 수액은 유독성분을 갖고 있어 입에 들어가면 통증을 느끼고 며칠간 말을 하기 힘들며 수액이 피부에 묻으면 가려운 증상이 나타나므로 주의해야 한다. 그래서 '벙어리식물' 이라고도 한다. 고온다습을 좋아하고 직사광선을 싫어하므로 반그늘에 두고, 월동시는 실내의 밝은 창가에서 건조하게 관리한다.

알로카시아

Alocasia spp.

천남성과 알로카시아속

- 개화시기 _ 여름~가을
- 꽃색 _ 담록, 담황색
- 꽃크기 _ 3~10cm
- 전초외양 _ 직립형, 포복형
- 전초길이 _ 0.5~3m
- 원산지 _ 열대아시아
- 원예분류 _ 상록다년초
- 내한성 _ 약함
- 활용 _ 화분

동남아시아를 중심으로 약 70종이 자생하고 있다. 방패 모양의 큰 잎에 잎맥이 선명해 꽃보다 더 화려하게 보이는 관엽식물로 고온다습을 좋아하고 찬바람을 받거나 겨울철 저온다습한 곳에서는 냉해의 우려가 있으므로 월동시는 따뜻한 실내로 옮기고 12℃ 이상을 유지한다. 내음성이 있어 실내의 관엽식물로 어느 곳에 두어도 무방하다. 그러나 재배가 까다롭고 번식력도 좋지 않아 많이 보급되어 있지 않다.

쿠르쿠마

Curcuma spp.

생강과 쿠르쿠마속

- 개화시기 _ 7~10월
- 꽃색 _ 핑크, 백, 오렌지 등
- 꽃크기 _ 5~10cm
- 전초외양 _ 직립형
- 전초길이 _ 10~100cm
- 원산지 _ 열대아시아
- 원예분류 _ 봄심기구근, 다년초
- 내한성 _ 약함
- 활용 _ 화분, 절화, 약용

인도나 말레이시아의 열대지역에 약 40종이 자생하며 높이가 1m 이상의 것부터 최근 개량된 미니종까지 다양하게 나오고 있다. 흔히 '울금' 이라 불리며 건강식품으로 쓰이는 우콘이 쿠르쿠마 종류이다. 햇빛이 잘 드는 곳에 두고 여름에는 충분히 물을 준다. 늦가을에 지상부가 마르면 알뿌리를 파내 보관한다. 아이스마티폴리아종의 원예품종 '사왕첸마이' 는 태국에서 불화에 많이 이용된다.

청산호

Euphorbia tirucalli

대극과 유포르비아속

- 개화시기 _ 화분본은 피지 않음
- 꽃색 _ 황록색
- 꽃크기 _ 약 3mm
- 전초외양 _ 직립형
- 전초길이 _ 5~9m
- 원산지 _ 남아프리카
- 원예분류 _ 다육식물
- 내한성 _ 보통
- 활용 _ 화분

유액이 많고 가시가 없으며 6m까지 자라기 때문에 열대지방에서는 오두막 주변에 울타리로도 심고 있다. 유액은 유독성분이 있어 피부에 닿으면 발진을 일으키므로 주의해야 한다. 산호 같은 녹색의 둥근 가지가 나뉘면서 덤불 모양으로 자란다. 잎은 나오면서 바로 떨어지고 줄기만 남는다. 햇빛을 좋아하고 건조에 강하지만 과습에는 약하다. 건조하게 관리하며 얼지 않을 정도의 온도를 유지하면 월동이 가능하다.

아칼리파

Acalypha hispaniolae

대극과 아칼리파속

- 개화시기 _ 9~11월
- 꽃색 _ 적색
- 꽃크기 _ 4~6cm
- 전초외양 _ 직립형
- 전초길이 _ 15cm
- 원산지 _ 인도
- 원예분류 _ 상록다년초
- 내한성 _ 약함
- 활용 _ 화분

아칼리파는 꽃이 여우 꼬리 모양으로 길게 늘어지면서 피는 붉은색 꽃이다. 자생지에서는 2~5m까지 자라는 관목이다. 아칼리파 종류는 꽃을 즐기는 것과 잎의 변화를 즐기는 것 등, 열대에서 온대에 약 430종이 있다. 양지와 고온을 좋아해 직사광선에서 색이 선명해진다. 꽃은 비에 적으면 시들어 까맣게 변한다. 월동시는 서리가 내리기 전에 가지를 잘라서 밝은 실내로 옮기고, 5℃ 이상으로 건조하게 관리한다.

대은룡

Pedilanthus tithymaloides

대극과 페디란시스속

- 개화시기 _ 화분본은 피지 않음
- 꽃색 _ 적, 자색
- 꽃크기 _ 1.5~2.5cm
- 전초외양 _ 직립형
- 전초길이 _ 약 2m
- 원산지 _ 열대아메리카
- 원예분류 _ 다육성저목
- 내한성 _ 약함
- 활용 _ 화분

열대아메리카 원산의 다육성저목으로 약 30종이 있으며 일반적으로 품종명을 대은룡으로 출하하고 있다. 굵은 줄기가 지그재그로 굽어 뻗어가고 강한 빛을 받으면 잎의 색이 선명해진다. 잎은 가을에 아름답게 홍엽으로 된다. 건조에는 강하고 과습에는 약한 편이다. 월동시는 밝은 실내에서 건조하게 관리한다.

산호유동

Jatropha podagrica

대극과 자트로파속

- 개화시기 _ 년중
- 꽃색 _ 오렌지색
- 꽃크기 _ 약 1cm
- 전초외양 _ 직립형
- 전초길이 _ 0.5~2m
- 원산지 _ 중앙아메리카
- 원예분류 _ 상록저목
- 내한성 _ 약함
- 활용 _ 화분

화분으로 많이 출하하고 있는 것은 산호유동이란 이름으로 알려진 포다그리카종이다. 줄기 밑이 툭 불거진 비대한 모양을 하고 줄기 꼭대기에 산호색의 꽃을 맺는다. 햇빛을 좋아해 실외에 두어도 된다. 월동시는 5℃~8℃로 건조하게 관리한다. 산호유동은 줄기가 다육질이며 밑동이 비대하여 불규칙적인 술병 모양을 하고 있다. 줄기에 오동잎 같은 큰 잎이 달리고 꽃은 빨갛게 무리지어 핀다.

브로왈리아

Browallia speciosa

가지과 브로왈리아속

- 개화시기 _ 7~11월
- 꽃색 _ 청, 암자홍, 백색
- 꽃크기 _ 2~3cm
- 전초외양 _ 직립형, 하수형
- 전초길이 _ 20~150cm
- 원산지 _ 콜롬비아
- 원예분류 _ 1년초, 상록다년초
- 내한성 _ 약함
- 활용 _ 화분

지름이 3cm 정도 되는 꽃을 여름부터 가을까지 많이 피운다. 가지는 잘 분기해 내려뜨리는 타입과 직립하는 타입이 있다. 직립하는 타입은 온도가 적당하면 1.5m 정도 자라고 굵은 가지는 목질화 한다. 꽃은 암자홍, 청, 백색 등의 꽃이 핀다. 분기해 내려뜨리는 품종은 화분걸이용으로 알맞다. 여름의 강한 햇살을 싫어하므로 조금 반그늘이나 실내의 밝은 곳에 둔다.

피튜니아

Petunia × hybrida

가지과 피튜니아속

- 개화시기 _ 5~11월
- 꽃색 _ 청, 적, 핑크, 백, 황 등
- 꽃크기 _ 20~30cm
- 전초외양 _ 직립형, 하수형
- 전초길이 _ 20~150cm
- 원산지 _ 남아메리카
- 원예분류 _ 1년초, 상록다년초
- 내한성 _ 보통
- 활용 _ 화분, 화단, 화분걸이

언제부턴가 원종과 함께, 종간교배로 생겨난 원예품종을 총칭해 피튜니아라고 하는데 무수한 변종은 직립성과 포복성의 2가지 유형으로 나눈다. 직립성 종은 화단에, 포복성은 화분걸이나 윈도박스에 심는다. 봄부터 초겨울에 걸쳐 선명한 꽃을 계속해서 피운다. 해가 잘 들고 배수가 잘 되는 곳을 좋아하고, 가지를 쳐주며 키우면 꽃맺음이 좋고 꽃을 오래 볼 수 있다. 시든 꽃잎은 병의 원인이 되므로 부지런히 따준다.

테코마리아

Tecomaria capensis

능소화과 테코마리아속

- 개화시기 _ 년중
- 꽃색 _ 오렌지, 황색
- 꽃크기 _ 약 5cm
- 전초외양 _ 덩굴형
- 전초길이 _ 2~3m
- 원산지 _ 남아프리카
- 원예분류 _ 상록저목
- 내한성 _ 약함
- 활용 _ 화분, 화단

열대아메리카와 남아프리카에 약 3종이 있고 화분꽃으로 출하되는 것은 남아프리카 원산의 카펜시스종과 그 원예품종인 아우레아이다. 반덩굴성으로 높이가 2m나 되며, 꽃잎은 날개 모양을 하고 작은 잎은 마치 계란 같다. 온도가 적당하면 거의 일년내내 깔대기 모양의 황색 꽃을 피운다. 월동은 5℃ 이상이 필요하다.

티보치나

Tibouchina spp.

석류과 티보치나속

- 개화시기 _ 7~11월
- 꽃색 _ 청, 자, 핑크 등
- 꽃크기 _ 5~8cm
- 전초외양 _ 직립형
- 전초길이 _ 0.5~5m
- 원산지 _ 동남아시아
- 원예분류 _ 상록저목
- 내한성 _ 약함
- 활용 _ 화분, 화단

일반적으로 '노보단' 또는 '목노보단'이란 이름으로도 불린다. 잎은 타원형으로 끝은 뾰족하고 털이 있다. 햇빛과 고온다습을 좋아한다. 그래서 항상 통풍이 좋고 밝은 곳에 두어야 한다. 물은 분흙이 마르기 전에 주어야 한다. 물을 늦게 주면 꽃이 시들어 버린다. 월동시는 실내의 밝은 장소에 두고, 서리가 내리지 않는 난지에서는 정원에 심어도 된다. 제주도 서귀포 지역에서는 옥외 월동이 가능하나 잎은 떨어진다.

파키라

Pachira aquatica

물밤나무과 파키라속

- 개화시기 _ 화분본은 피지 않음
- 꽃색 _ 녹색, 황백색
- 꽃크기 _ 약 35cm
- 전초외양 _ 직립형
- 전초길이 _ 5~20m
- 원산지 _ 열대아메리카
- 원예분류 _ 상록저목
- 내한성 _ 약함
- 활용 _ 화분

열대아메리카에 2종이 있지만, 관엽식물로 출하하고 있는 것은 아쿠아티카종의 유목이다. 자생지에서는 높이가 5~20m나 된다. 내음성이 있어서 실내에서도 키우지만 가능한 햇빛을 보게 한다. 고온다습을 좋아한다. 월동은 따뜻한 실내에 두고 너무 웃자라면 잘라주고 새로 가지를 낸다. 실내원에에서 이국적인 정취를 풍겨 인기 있는 관엽식물이다.

극락조

Strelitzia reginae

극락조화과 극락조화속

- 개화시기 _ 년중
- 꽃색 _ 오렌지, 황색
- 꽃크기 _ 15~20cm
- 전초외양 _ 직립형
- 전초길이 _ 약 1m
- 원산지 _ 남아프리카
- 원예분류 _ 상록다년초
- 내한성 _ 약함
- 활용 _ 화분, 절화

새를 닮은 화려한 꽃의 모습에서 극락조라는 이름이 붙여졌다. 비슷한 종류가 4종이 있으며 재배되고 있는 것은 높이 1m 정도의 레기나에종과 대형의 니코라이종이 있다. 햇빛을 좋아해 실내에서 즐기는 경우에도 창문 너머로 해를 볼 수 있게 한다. 온도가 맞으면 꽃은 년중 핀다. 다육질의 뿌리줄기를 갖고 있어 건조에 강하다. 월동시는 5℃이상으로 온도를 유지해 준다.

드라세나 _ 행운목

Dracaena spp.

용설란과 드라세나속

- 개화시기 _ 3~10월
- 꽃색 _ 담황, 담녹색
- 꽃크기 _ 작은 꽃을 맺음
- 전초외양 _ 직립형
- 전초길이 _ 4~5m
- 원산지 _ 열대지역
- 원예분류 _ 상록소고목
- 내한성 _ 약함
- 활용 _ 화분

보통 우리나라에서는 행운목이라 부르며 환경이 비교적 좋지 않은 곳에서도 잘 자라므로 관엽식물로 널리 이용되고 있다. 줄기가 직립하기 때문에 장식에도 좋고, 수경재배도 잘 되는 식물이다. 포름알데히르 등 실내공기 중 오염물질을 제거하는 능력이 뛰어나며 산소발생 등 공기정화식물로서 모든 장점을 가지고 있다. 내음성이 강하지만 햇빛을 좋아하므로 가능한 양지에 두면 아름다운 무늬잎을 볼 수 있다.

타키투스

Tacitus bellus

돌나물과 타키투스속

- 개화시기 _ 5~6월
- 꽃색 _ 핑크색
- 꽃크기 _ 2~3cm
- 전초외양 _ 직립형
- 전초길이 _ 5~7cm
- 원산지 _ 멕시코 서부
- 원예분류 _ 다육식물
- 내한성 _ 보통
- 활용 _ 화분

멕시코 서부 계곡 바위에 자생하는 1속1종의 다육성다년초로 흔히 '벨루스'라 부른다. 햇볕과 배수가 좋은 흙을 선호한다. 햇빛을 잘 받으면 그루가 웃자라지 않고 작은 모양이 된다. 과습을 싫어하므로 여름에는 건조하게 키운다. 월동시는 3~5℃가 필요하며, 5~6월에 직경 2~3cm의 별 모양의 꽃을 피운다. 잎을 잘라 심으면 번식된다.

에케베리아

Echeveria spp.

돌나물과 에케베리아속

- 개화시기 _ 봄~여름
- 꽃색 _ 오렌지, 황색 등
- 꽃크기 _ 1~2cm
- 전초외양 _ 직립형
- 전초길이 _ 30~40cm
- 원산지 _ 중앙아메리카
- 원예분류 _ 다육식물
- 내한성 _ 보통
- 활용 _ 화분

텍사스, 아르헨티나 일대가 원산으로 다육질의 잎은 아름다운 로제타 모양이 대칭으로 나고 흔히 무지갯빛을 띠고 햇빛을 받으면 가장자리가 붉게 보인다. 햇빛을 좋아하지만 여름에는 반그늘에 두고 건조하게 관리한다. 내한성이 강해 겨울에 얼지 않는 정도라면 실외의 처마 밑에서도 월동이 가능하다. 늦가을에서 겨울에 걸쳐 저온에 있으면 로제타가 핑크색으로 물든다.

세덤

Sedum spp.

돌나물과 세덤속

- 개화시기 _ 봄~가을
- 꽃색 _ 백, 황, 핑크 등
- 꽃크기 _ 0.5~2cm
- 전초외양 _ 직립형, 포복형
- 전초길이 _ 50~80cm
- 원산지 _ 난대~온대지역
- 원예분류 _ 다육식물
- 내한성 _ 보통
- 활용 _ 화분

멕시코 원산의 다육질 관엽식물로 햇빛을 좋아하고, 건강해서 잘 번식한다. 물주기는 봄과 가을에는 충분히 주고, 한여름과 한겨울에는 건조하게 관리한다. 웃자라지 않도록 키우는 것이 포인트이다. 몰가니아눔종은 화분걸이용으로 많이 이용된다. 보통 갈아심는 시기는 4~5월이 적당하고 배수가 잘 되는 흙에 심어야 한다. 겨울에는 5℃ 이상을 유지해 준다.

거미바위솔

Sempervivum arachnoideum

돌나물과 거미바위솔속

- 개화시기_4~8월
- 꽃색_핑크색
- 꽃크기_약 2cm
- 전초외양_직립형, 포복형
- 전초길이_10~20cm
- 원산지_중앙아시아 등
- 원예분류_다육식물
- 내한성_강함
- 활용_화분

잎 끝에서 하얀 거미줄 같은 실이 얽혀 있어 붙여진 이름으로 대부분 생명력이 강하며 자구를 떼어내 심으면 곧 새로운 개체로 성장한다. 햇빛과 배수가 잘 되는 흙을 좋아하고 햇빛을 잘 받으면 콤팩트한 모양의 그루가 된다. 과습을 싫어하므로 여름에는 건조하게 키운다. 월동시는 3~5℃를 유지한다. 5~6월에 선명한 꽃을 맺는다. 여러해살이풀이지만 2년에 한번 꽃이 피고 나면 대부분 죽는다.

월하미인

Epiphyllum oxypetalum

선인장과 에피필럼속

- 개화시기 _ 4~6월
- 꽃색 _ 백색
- 꽃크기 _ 12~13cm
- 전초외양 _ 직립형, 포복형
- 전초길이 _ 5~6m
- 원산지 _ 남부아메리카
- 원예분류 _ 다육식물
- 내한성 _ 약함
- 활용 _ 화분

열대아메리카에 약 16~20종이 분포하고 자생지에서는 높이가 5~6m나 되는 것도 있다. 꽃은 밤 8시경부터 피기 시작해 2시간 정도 지나면 닫는다. 꽃에는 강한 향이 풍긴다. 작은월하미인은 하수성으로 0.8~1.5m 정도 되고, 월하미인보다 조금 작은 꽃을 피운다. 여름에는 직사광선을 피해 반그늘에 두고 건조하게 관리한다. 월동은 실내에서 8℃이상을 유지한다.

공작선인장

Epiphyllum × phyllocactus

선인장과 에비필럼속

- 개화시기 _ 4~6월
- 꽃색 _ 적자, 핑크, 백, 황 등
- 꽃크기 _ 5~20cm
- 전초외양 _ 직립형, 포복형
- 전초길이 _ 50~150cm
- 원산지 _ 중앙~남부 아메리카
- 원예분류 _ 다육식물
- 내한성 _ 약함
- 활용 _ 화분

공작선인장은 편평한 줄기를 갖는 몇 개의 선인장을 교배시켜 탄생한 원예 품종을 총칭하는 말이다. 원종은 비가 많은 삼림지역에서 자라고 나무나 바위에 착생하는 것이 많다. 여름에는 반그늘에 두고 일주일에 1번 정도 물을 준다. 충분한 저온기를 거치지 않으면 꽃을 맺지 않는다. 월동은 5~8℃ 정도로 유지한다. 공작선인장은 형광색 같은 빛나는 꽃잎을 가득히 피우고 아름다움을 자랑한다.

선인장류

Cactaceae spp.

선인장과

- 개화시기 _ 품종에 따라 다름
- 꽃색 _ 백, 적, 황, 핑크 등
- 꽃크기 _ 0.5~30cm
- 전초외양 _ 포복형, 직립형 등
- 전초높이 _ 5cm~150cm
- 원산지 _ 남북아메리카
- 원예분류 _ 다육식물
- 내한성 _ 보통
- 활용 _ 화분, 모아심기

선인장의 종류는 원종과 원예품종을 포함하면 수천 종이 된다. 종류별로 크게 나누면 부채선인장, 나무선인장, 기둥선인장, 공선인장으로 나눈다. 대부분의 원종이 주로 멕시코나 애리조나의 사막지대에서 자란다. 최근 인기 있는 것은 꽃을 피우는 종으로 여러 타입의 품종이 출하되고 있다.

The Flowers of My house

가을의 꽃

이전에는 봄에 출하되었던 팬지의 모종이 최근에는 가을에도 출하되고, 들에는 코스모스나 데이지의 노란 꽃이 선명하고 아름답게 피어난다. 이 결실의 계절에 우리 집의 가을 풍경은 어떻게 꾸미는 것이 좋을까? 자신의 선택에 따라 여러 가지변화를 즐길 수 있을 것이다.

용담

Gentiana spp.

용담과 용담속

- 개화시기 _ 8~10월
- 꽃색 _ 청자색, 핑크, 백색 등
- 꽃크기 _ 약 3cm
- 전초외양 _ 직립형
- 전초높이 _ 5~45cm
- 원산지 _ 아시아 북부
- 원예분류 _ 1년초, 상록다년초
- 내한성 _ 강함
- 활용 _ 화분, 모아심기

용담 종류는 세계 각지에 약 400여 종이 자생하고 있다. 우리나라의 제주도 등에 야생하며 고산지대에 자생하는 고산식물이므로 평지보다 고랭지재배에 적합하다. 여름의 더위를 싫어하므로 석양이 들지 않고 통풍이 잘 되는 곳에 둔다. 시든 꽃잎은 부지런히 따 주어야 병충해를 막을 수 있다. 늦가을에 지상부가 마르기 때문에 얼지 않으면 실외에서 월동시킨다. 용담꽃은 햇빛을 받으면 열리고 그늘지면 닫힌다.

산세베리아

Sansevieria spp.

은방울꽃과 산세베리아속

- 개화시기 _ 3~8월
- 꽃색 _ 담황, 담록, 백색
- 꽃크기 _ 2~3cm
- 전초외양 _ 직립형
- 전초높이 _ 10~100cm
- 원산지 _ 아프리카
- 원예분류 _ 다육식물
- 내한성 _ 약함
- 활용 _ 화분

아프리카, 열대지역, 아열대지역의 건조한 곳에 자생하는 다육식물로 내음성도 있어 실내에서 많이 키우지만 양지에서 키우는 것이 더 잘 자란다. '천년란' 이라고도 한다. 여러해살이풀로 뿌리는 짧고 두껍다. 잎은 좁고 긴 모양이며 뱀가죽같이 생긴 것도 있다. 성장기에는 물을 충분히 주고, 겨울에는 물 주기를 조금씩 줄여 건조하게 키운다. 추위에는 약해서 월동시는 실내로 옮겨두고 10℃ 이상을 유지한다.

채운각

Euphorbia trigona

대극과 유포르비아속

- 개화시기_화분본은 피지 않음
- 꽃색_황색
- 꽃크기_아주 작음
- 전초외양_직립형
- 전초높이_2~3m
- 원산지_아프리카
- 원예분류_다육식물
- 내한성_약함
- 활용_화분

학명은 '유포르비아 트리고나' 이고, 줄기에 들어 있는 회백녹색의 모양에서 '채운각' 이란 이름이 붙여졌다. 저목 상태로 자라고, 주걱 모양의 잎이 줄기로부터 길게 뻗는 것이 특징이다. 줄기가 삼각형 모양이며, 줄기 끝에 가시가 있고 잎이 달린다. 상처가 나면 흰 액이 흘러나온다. 건조와 햇빛을 좋아하지만 내음성도 강하기 때문에 실내에서도 즐길 수 있다. 월동시는 12℃ 이상이 필요하다.

파키포디움

Pachypodium spp.

협죽도과 파키포디움속

- 개화시기 _ 드물게 핌
- 꽃색 _ 핑크, 백, 황색
- 꽃크기 _ 2~10cm
- 전초외양 _ 직립형
- 전초높이 _ 0.1~8m
- 원산지 _ 남아프리카
- 원예분류 _ 다육식물
- 내한성 _ 약함
- 활용 _ 화분

상록 또는 낙엽성으로, 줄기에 날카로운 가시가 있는 다육식물이다. 잎의 형태나 모습에서 협죽도 종류임을 알 수 있다. 아프리카, 마다가스카르에 약 20여 종이 있다. 자생지에서는 아주 크게 자라는데, 마다가스카르 원산의 라메레이종은 높이가 8미터나 자라기도 한다. 해가 잘 들고 배수가 좋은 곳, 고온을 좋아한다. 월동은 건조시켜 10℃이상을 유지한다.

관음죽

Rhapis excelsa

야자과 관음죽속

- 개화시기 _ 드물게 핌
- 꽃색 _ 담황색
- 꽃크기 _ 작은 꽃을 맺음
- 전초외양 _ 직립형
- 전초높이 _ 1~3m
- 원산지 _ 중국
- 원예분류 _ 상록저목
- 내한성 _ 보통
- 활용 _ 화분

옛날부터 재배되어 온 관엽식물로 이름에서 대나무를 연상시키지만 야자과이다. 잎의 폭이 가늘어 유연하고 부드러운 분위기를 내고 있다. 내음성이 강해서 그늘진 정원이나 실내에서 키우기에 적당하다. 내한성도 있어 얼지 않는 정도라면 처마 밑에서 월동이 가능하지만 너무 추우면 잎의 끝부분이 검게 변하기 때문에 실내에 두는 것이 좋다. 강한 바람에 잎이 상처를 입으므로 피하는 것이 좋다.

몬스테라

Monstera spp.

천남성과 몬스테라속

- 개화시기 _ 드물게 핌
- 꽃색 _ 담황색
- 꽃크기 _ 20~25cm
- 전초외양 _ 직립형, 반덩굴형
- 전초높이 _ 길게 자람
- 원산지 _ 열대아메리카
- 원예분류 _ 다년초
- 내한성 _ 보통
- 활용 _ 화분

열대아메리카에 약 30종이 있다. 잎이 날개처럼 갈라져 구멍이 있고, 기근을 길게 늘어뜨린 모습에서 라틴어로 몬스터Monster, 즉 '괴물'이란 의미의 속명이 붙여졌다. 내음성이 있고 여름의 그늘진 정원이나 실내의 반그늘에서 잘 자라고 고온다습을 좋아한다. 직접 서리가 닿지 않으면 처마 밑의 양지 등에서 월동이 가능하다. 크고 독특한 잎은 관엽식물의 왕이라 칭할 만하다.

유카리스

Eucharis × grandiflora

수선화과 유칼리스속

- 개화시기 _ 10월
- 꽃색 _ 백색
- 꽃크기 _ 약 6cm
- 전초외양 _ 직립형
- 전초높이 _ 50~60cm
- 원산지 _ 중국
- 원예분류 _ 봄에 심는 구근
- 내한성 _ 약함
- 활용 _ 화분, 절화

'아마존릴리' 라고도 부르며 향기 좋은 백색의 청초한 꽃을 피운다. 잎은 계란 모양으로 길이 30cm 정도, 꽃대가 60cm 정도로 자라 꼭대기에 6cm 정도의 꽃을 맺는다. 고온다습과 반그늘을 좋아한다. 꽃의 싹은 27℃의 고온에서 4주 이상 두면 분화하고, 그후 21℃에서 재배하면 3~4개월 후에 개화한다. 겨울나기에는 10℃ 이상이 필요하다. 영어권에서는 '스타-오브베들레헴' 이라고 부른다.

키르탄사스

Vallota speciosa

수선화과 키르탄사스속

- 개화시기 _ 8~9월
- 꽃색 _ 주홍, 핑크 등
- 꽃크기 _ 5~7cm
- 전초외양 _ 직립형
- 전초높이 _ 30~45cm
- 원산지 _ 남아프리카
- 원예분류 _ 봄에 심는 구근
- 내한성 _ 약함
- 활용 _ 화분, 절화

전체 모습이 아마릴리스를 연상시키는 상록성구근식물이다. 햇빛과 배수가 잘 되는 흙을 좋아하고, 꽃이 지고 나면 비료를 주는데, 너무 많이 주면 다음해 꽃 맺음이 나빠지므로 주의가 필요하다. 겨울에는 실내의 해가 드는 창가에 둔다. 꽃도 곱지만 너무 진하지 않은 은은한 향기도 좋다. 8~9월에 군자란을 닮은 귀여운 꽃을 3~5개 피운다. 상록성이기 때문에 꽃이 지고 나도 푸른 잎을 즐길 수 있다. 절화로도 인기가 좋다.

마늘덩굴

Mansoa alliacea

능소화과 만소아속

- 개화시기 _ 10~11월
- 꽃색 _ 자홍색
- 꽃크기 _ 약 7cm
- 전초외양 _ 덩굴형
- 전초높이 _ 1~5m
- 원산지 _ 멕시코, 브라질
- 원예분류 _ 상록덩굴성식물
- 내한성 _ 약함
- 활용 _ 화분

잎을 문지르면 마늘 향을 내기 때문에 마늘덩굴이라는 이름으로 불린다. 가을에 자홍색의 꽃을 많이 피운다. 꽃은 자홍색에서 점점 백색으로 변한다. 햇빛을 좋아하므로 봄부터 가을까지 햇빛을 충분히 받게 한다. 내한성은 조금 약해 10℃ 이하가 되면 잎이 떨어진다. 그러나 실내에서 5℃ 이상을 유지해 월동시키면 봄에 다시 새로운 잎이 나온다.

옥천앵두_예루살렘첼리

Solanum pseudocapsicum

가지과 가지속

- 개화시기 _ 6~9월
- 꽃색 _ 백색
- 꽃크기 _ 약 1.5cm
- 전초외양 _ 덩굴형
- 전초높이 _ 50~100cm
- 원산지 _ 지중해연안
- 원예분류 _ 상록다년초
- 내한성 _ 보통
- 활용 _ 화분

봄에 작은 백색 꽃을 피우고, 둥근 열매를 맺어 가을에 산호색으로 짙어진다. 옥산호, 크리스마스체리라고도 부른다. 열매에는 독성이 있으므로 주의가 필요하다. 배수와 햇빛이 잘 드는 곳을 좋아하고, 물은 흙 표면이 마르면 듬뿍 준다. 따뜻한 곳에서는 실외에서도 재배가 가능하다. 옥천앵두의 열매는 지름 2cm 정도로 녹색에서 황, 적색으로 변한다.

임파첸스 _ 물봉선

Impatiens spp.

봉선화과 임파첸스속

- 개화시기 _ 5~7월, 9~11월
- 꽃색 _ 핑크, 백, 적, 황색 등
- 꽃크기 _ 2.5~5cm
- 전초외양 _ 직립형
- 전초높이 _ 15~60cm
- 원산지 _ 아프리카, 뉴기니아
- 원예분류 _ 1년초, 상록다년초
- 내한성 _ 약함
- 활용 _ 화분, 화단, 화분걸이

임파첸스는 속명으로 원예상은 아프리카 원산의 봄파종 1년초를 말하고, 뉴기니아 원산의 다년초는 뉴기니아임파첸스라고 부른다. 어느 것이나 햇빛이 잘 드는 곳에서 잘 안 드는 곳까지 두루 키우지만, 조금 그늘진 곳이 성장에는 좋다. 그루가 크게 되면 안쪽이 무르기 때문에 가끔 가지를 쳐 줘야 한다. 꽃의 색상이 다양하며 화려한 편이다. 노지에서 화단에도 많이 심는다.

파보니아

Pavonia spp.

아욱과 파보니아속

- 개화시기 _ 8~9월
- 꽃색 _ 핑크, 적색 등
- 꽃크기 _ 4~6cm
- 전초외양 _ 직립형
- 전초높이 _ 0.3~2m
- 원산지 _ 열대아메리카
- 원예분류 _ 상록다년초
- 내한성 _ 약함
- 활용 _ 화분, 화단

화분으로 출하되는 것은 왜성의 변종인 켈메시아이다. 인텔메디아종은 브라질 원산의 소저목으로 2m까지 자란다. 잎은 가늘고 길며 잎의 표면에 광택이 난다. 꽃은 8~9월에 개화한다. 월동시는 실내의 밝은 곳에 둔다. 진한 꽃색에 긴 수술이 특징이고 이색적인 꽃이다. 유통명은 '시크릿' 혹은 '레드시크릿' 등으로도 불리워지고 있다. 따뜻한 실내에서 피는 소담스러운 꽃은 아름답고 신비하다.

나무엉겅퀴

Centratherum punctatum

국화과 센트라세룸속

- 개화시기 _ 8~11월
- 꽃색 _ 청자색
- 꽃크기 _ 약 3cm
- 전초외양 _ 직립형
- 전초높이 _ 15~50cm
- 원산지 _ 열대아메리카
- 원예분류 _ 상록다년초
- 내한성 _ 약함
- 활용 _ 화분, 화단

잎에서 사과 같은 단 냄새가 나기 때문에 허브로 출하하는 경우도 있지만 보통은 허브 종류로는 다루지 않는다. 식용에는 적당하지 않기 때문에 주의해야 한다. 양지에 두고 물은 흙의 표면이 마르면 듬뿍 준다. 가을에 엉겅퀴를 닮은 자색의 꽃이 핀다. 가지는 옆으로 기듯이 뻗고, 잘 분기한다. 서리를 맞으면 상처가 나기 때문에 실내의 밝은 곳에 두고 월동시킨다.

The Flowers of My house

겨울의 꽃

크리스마스나 정월의 이벤트가 많은 이 계절은 선물용의 화려한 화분꽃이 나온다. 실외에서 즐기는 화분에서 실내에서 즐기는 화분으로 바뀌는 계절. 추운 겨울 풍경의 창가를 따뜻한 색의 꽃들로 장식해 보자.

마스데발리아

Masdevallia spp.

난과 마스데발리아속

- 개화시기 _ 10~12월
- 꽃색 _ 황, 핑크, 백, 적색 등
- 꽃크기 _ 2~10cm
- 전초외양 _ 직립형
- 전초높이 _ 5~30cm
- 원산지 _ 중앙~남아메리카
- 원예분류 _ 양란
- 내한성 _ 약함
- 활용 _ 화분

꽃모양이 대단히 독특하고 꽃색도 많고, 꽃의 크기도 대륜부터 소륜까지 다양하다. 나팔 모양으로 크게 피어 있는 것처럼 보이는 것은 꽃이 아니라 꽃받침 조각이다. 꽃잎과 입술꽃부리는 꽃 중심부에 있는데, 거의 퇴화되어 있다. 안데스산의 고지에 자생하기 때문에 더위에 약해서 여름은 통풍이 잘 되는 반그늘에 두고, 가능한 서늘하게 여름을 넘기게 한다. 내한성도 조금 약해서 월동시는 7℃이상을 필요로 한다.

호접란

Phalaenopsis spp.

난과 팔레놉시스속

- 개화시기 _ 년중
- 꽃색 _ 핑크, 백, 황색 등
- 꽃크기 _ 2~12cm
- 전초외양 _ 직립형
- 전초높이 _ 50~100cm
- 원산지 _ 동남아시아
- 원예분류 _ 양란
- 내한성 _ 약함
- 활용 _ 화분

호접란이란 이름은 꽃이 피는 모습이 나비가 춤을 추는 듯한 것에서 유래한다. 예전에는 대륜계의 백색이 주류였지만 품종개량이 많이 이루어져 미니계 등 많은 품종이 나오고 있다. 꽃은 한번 피면 1~2개월간 볼 수 있다. 개화된 화분은 직사광선을 피하고, 과습이 되지 않도록 한다. 꽃대가 분기하여 많은 꽃을 맺는 원예품종은 소륜계이고, 순백에 붉은 꽃술이 투명하고 아름다운 원예품종은 대륜계이다.

덴파레

Dendrobium phalaenopsis

난과 덴드로비움속

- 개화시기 _ 년중
- 꽃색 _ 핑크, 그린, 백, 담황 등
- 꽃크기 _ 4~8cm
- 전초외양 _ 직립형
- 전초높이 _ 30~100cm
- 원산지 _ 오스트레일리아
- 원예분류 _ 양란
- 내한성 _ 약함
- 활용 _ 화분

덴드로비움과 팔레놉시스를 기본으로 하는 교배종으로 품종개량이 활발히 이루어져, 최근에는 꽃색도 핑크계, 적색계 외에 황색이나 녹색, 자색 등도 나오고 있다. 화원에서 가장 많이 다뤄지는 난중 하나이다. 개화중에는 직사광선을 피해 밝은 창가에 두고, 20℃ 이상의 고온이나 과습이 되면 꽃이 떨어지므로 주의해서 관리한다.

우리 집
창가의 꽃, 베란다의 꽃
The Flowers of My house

2011년 3월 10일 초판 1쇄 발행
2013년 8월 10일 초판 3쇄 발행

■

엮은곳 자연을 담는 사람들 편
펴낸곳 아이템북스
디자인 김 영 숙
편집인 장 강

■

출판등록 2001년 8월 7일
등록번호 제2-3387호
주 소 서울시 마포구 서교동 444-15

※ 잘못된 책은 바꿔 드립니다.